权威·前沿·原创

皮书系列为
"十二五""十三五""十四五"时期国家重点出版物出版专项规划项目

B

BLUE BOOK

智 库 成 果 出 版 与 传 播 平 台

京津冀教育蓝皮书

BLUE BOOK OF EDUCATION IN BEIJING-TIANJIN-HEBEI

京津冀教育发展报告（2022~2023）

REPORT ON THE EDUCATION DEVELOPMENT IN
BEIJING-TIANJIN-HEBEI REGION (2022-2023)

区域教育高质量发展

主　编／冯洪荣
副主编／郭秀晶　高　兵　李　璐

社会科学文献出版社
SOCIAL SCIENCES ACADEMIC PRESS（CHINA）

图书在版编目（CIP）数据

京津冀教育发展报告 . 2022~2023：区域教育高质
量发展 / 冯洪荣主编 . --北京：社会科学文献出版社，
2023. 12
（京津冀教育蓝皮书）
ISBN 978-7-5228-3150-3

Ⅰ . ①京… Ⅱ . ①冯… Ⅲ . ①地方教育-发展-研究
报告-华北地区-2022-2023 Ⅳ . ①G127. 2

中国国家版本馆 CIP 数据核字（2023）第 248165 号

京津冀教育蓝皮书

京津冀教育发展报告（2022~2023）
——区域教育高质量发展

主　　编／冯洪荣
副 主 编／郭秀晶　高　兵　李　璐

出 版 人／冀祥德
责任编辑／张雯鑫　路　红
文稿编辑／赵亚汝
责任印制／王京美

出　　版／社会科学文献出版社（010）59367194
　　　　　地址：北京市北三环中路甲 29 号院华龙大厦　邮编：100029
　　　　　网址：www. ssap. com. cn
发　　行／社会科学文献出版社（010）59367028
印　　装／天津千鹤文化传播有限公司

规　　格／开本：787mm×1092mm　1/16
　　　　　印张：16. 25　字数：210 千字
版　　次／2023 年 12 月第 1 版　2023 年 12 月第 1 次印刷
书　　号／ISBN 978-7-5228-3150-3
定　　价／158. 00 元

读者服务电话：4008918866

主要编撰者简介

冯洪荣 北京教育科学研究院院长，中学高级教师，中国教育学会常务理事。曾任北京宏志中学书记、校长，北京市东城区教育工委书记、教委主任，北京市教育委员会委员等职，长期从事各级教育行政管理工作。主要研究方向为教育发展战略、基础教育政策、课程教学、德育思政、创新人才培养。在《教育研究》《中国基础教育》《人民教育》等专业期刊发表文章多篇，主持或参与全国和北京市学前教育、义务教育、高中教育等相关文件研制工作。

郭秀晶 博士，北京教育科学研究院教育发展研究中心主任、研究员，长期从事教育战略政策与法律研究，主要研究方向为战略规划、教育法治、教育管理与政策研究。

高 兵 北京教育科学研究院高等教育科学研究所所长、研究员，主要从事教育政策和区域教育规划研究。先后主持北京市教育科学"十一五"规划青年专项课题、北京市教育科学"十二五"规划重点优先关注课题和北京市哲学社会科学基金"十三五"规划重点项目，出版学术专著《京津冀教育协同发展战略探究》。

李 璐 博士，北京教育科学研究院教育发展研究中心业务骨干、副研究员，美国宾夕法尼亚州立大学访问学者，长期从事教育政策与法治、区域教育战略、教育经济与管理研究。

摘　要

　　京津冀是引领全国高质量发展的三大重要动力源之一。在京津冀协同发展重大战略之中，教育、科技、人才起到基础性、战略性、支撑性作用。推进教育协同发展是贯彻落实习近平总书记对首都工作重要指示、实施京津冀协同发展重大国家战略的客观要求。2022 年是京津冀协同发展战略提出八周年，是党的二十大召开之年，也是实施"十四五"规划关键之年。党的二十大报告指出，实现高质量发展是中国式现代化的本质要求。《中华人民共和国国民经济和社会发展第十四个五年规划和 2035 年远景目标纲要》提出，"十四五"时期要从推进基本公共教育均等化、增强职业技术教育适应性、提高高等教育质量、建设高素质专业化教师队伍和深化教育改革等方面建设高质量教育体系。

　　从京津冀三地教育事业发展现状来看，幼儿园和小学招生人数减少，其他各阶段教育规模相对稳定，小幅度上下波动。京津冀三地公共财政教育支出金额都有所增长；各阶段教育生均一般公共预算公用经费除了天津市普通高校出现了较大幅度下降，其他均有所增长，其中北京市普通高校和天津市中职教育增长最为突出。京津冀三地教育经费水平、教师队伍、办学条件等还有一定差距，教育整体高质量发展和协同发展还面临较大挑战。高质量的教育是体现和符合"创新""协调""绿色""开放""共享"新发展理念的教育。在新时代、新形势下，就京津冀教育高质量发展开展深入研究，为京津冀教育协同发展提供理论支持和实践推进思路，对促进首都教育和京津冀区域教育现代化发展具有重要意义，能够为教育强国战略提供有力支撑。

为此，北京教育科学研究院策划出版《京津冀教育发展报告（2022~2023）》，主题为"区域教育高质量发展"，内容上分为"总报告""专题篇""地区篇""借鉴篇"四部分，共计11篇研究报告。"总报告"站在全局高度，结合京津冀区域教育规划的政策目标任务与教育改革发展实际，初步构建京津冀区域教育高质量发展评估指标体系，包含创新的教育、协调的教育、绿色的教育、开放的教育、共享的教育等5个一级指标、12个二级指标和34个三级指标；同时，以数据比较分析2021年京津冀三地教育发展的基本情况。"专题篇"对京津冀2021~2029年的义务教育阶段学位需求进行预测，分析京津冀三地科研成果转化现状并提出对策建议，对2015~2022年京津冀职业教育协同发展实践进行梳理。"地区篇"紧扣主题，分别对高质量发展背景下北京高校国际化发展现状与路径、推进天津教育高质量发展的条件基础与战略设计、京津冀协同发展背景下河北高质量教育体系建设进行研判、探讨与展望。"借鉴篇"以比较分析视角研究区域教育现代化监测评估实施路径、现代大学书院导师制、首都都市圈教育资源共建共享的国内外经验，为京津冀教育协同发展提供重要参考借鉴。

关键词： 高质量发展　教育现代化　京津冀

目 录 ↰

Ⅰ 总报告

Ⅱ 专题篇

Ⅲ 地区篇

Ⅳ 借鉴篇

皮书数据库阅读**使用指南**👆

总 报 告

General Reports

B.1
京津冀区域教育高质量发展
评估指标体系构建

高 兵*

摘 要： 党的二十大报告指出，实现高质量发展是中国式现代化的本质要求，教育高质量发展体现和符合"创新""协调""绿色""开放""共享"新发展理念。区域不同功能定位及经济社会发展水平决定了区域教育发展的驱动模式，本报告结合京津冀区域教育规划的政策目标任务与教育改革发展实际，初步构建京津冀区域教育高质量发展评估指标体系，包含创新的教育、协调的教育、绿色的教育、开放的教育、共享的教育等5个一级指标、12个二级指标和34个三级指标。在此基础上，有必要形成教育高质量

* 高兵，北京教育科学研究院高等教育科学研究所所长、研究员，主要研究领域为教育政策、区域教育规划等。

发展监测联动机制，充分利用现代信息技术，加强原始数据采集队伍和数据库建设队伍的专业化培训，建立由大数据支持的评估信息服务体系，提高评估结果使用效率。从指标体系走向制度建设才是推进区域教育高质量发展的必然选择。

关键词： 区域教育 高质量发展 动态评估 京津冀

党的二十大报告提出了以中国式现代化全面推进中华民族伟大复兴的中心任务，其中指出实现高质量发展是中国式现代化的本质要求。教育必须紧紧围绕国家发展战略谋篇布局，结合新时代要求，加快推进中国式教育现代化。区域教育高质量发展必须以更宽广的视角，围绕高质量发展这一本质要求构建一套更加科学、清晰的评估体系，在深入实施区域协调发展战略的关键时期，以此作为指挥棒评价区域教育高质量发展，剖析区域教育高质量发展的主要动能和短板，探讨优化区域教育资源的新策略。

一 京津冀区域教育高质量发展的政策内涵

高质量发展就是体现新发展理念的发展，必须坚持创新、协调、绿色、开放、共享发展相统一。[①] 具体而言，教育高质量发展就是解决原有发展阶段中所存在的一些突出问题和矛盾，为推动教育发展而实现的质量变革、效率变革和动力变革，体现和符合"创新"

---

① 本书编写组编著《党的十九届六中全会〈决议〉学习辅导百问》，党建读物出版社、学习出版社，2021，第35页。

"协调""绿色""开放""共享"新发展理念。① 区域不同功能定位及经济社会发展水平决定了区域教育发展的驱动模式。在此基础上，京津冀既有以北京为参照系的高标准，也有三地优势互补的地方特色，区域教育高质量发展有其独特的政策内涵。

（一）创新是区域教育高质量发展的根本动力

创新尤其是科技创新成为世界主题、世界潮流、世界趋势。党的二十大报告强调，"教育、科技、人才是全面建设社会主义现代化国家的基础性、战略性支撑"，反映出在新一轮科技革命和人才竞争的时代背景下，教育将以国家重大战略需求为导向，优化科技创新教育战略布局；重视创新型人才培养体系建设，优化人才战略布局，助力建设世界重要人才中心和创新高地。京津冀区域协同发展是党中央在我国发展关键时期做出的重大决策，凝聚的是立足全局、带动整体、持续发展的国家意志和国家战略。因此，教育要紧扣世界创新发展脉搏，适应京津冀区域产业转型升级和管理服务需求，加强区域高等学校和职业教育的设置统筹，合理优化高等教育层次结构、生源结构和专业结构，实现区域高校在不同类型和不同领域办出特色，在各自的赛道上收获精彩。同时，区域教育必须顺应科技发展变化，加速推进教育理念、内容、技术、模式的创新，主动引领教育发展模式变革。

（二）协调是区域教育高质量发展的整体效能

协调强调提高发展的包容性和平衡性，要把教育问题同经济、社会的发展联系起来，通过促进教育规模、结构、质量、效益有机统

---

① 石中英：《教育高质量发展的政策内涵和实践路径》，《人民教育》2022 年第 23 期。

一，实现教育内涵发展与经济发展方式转变的良性互动。坚持教育公平，均衡配置资源仍然是京津冀区域教育发展的首要任务，说到底就是促进硬件均衡、师资均衡和生源相对均衡。但京津冀区域所追求的公平不是以牺牲质量为代价的，而是通过增量改革和差异化发展实现优质教育资源总量的增加，需要健全区域教育发展一体化体制机制，推进城乡要素平等交换、合理配置和基本公共服务均等化。比如，部分中央单位向雄安新区转移疏解、做好北京城市副中心与河北北三县之间的"桥头堡"建设等。区域、城乡协调发展了，教育就会获得广阔发展空间和充足发展后劲。

（三）绿色是区域教育高质量发展的文化风尚

绿色是美丽中国建设和生态文明建设对教育改革发展提出的要求，也是高质量教育体系的应有特征。区域教育的绿色发展意味着各种资源投入的可持续，具有发展不被中断、有人性、有抗逆力等含义，为学生和学校的健康发展创建良好的教育新生态。京津冀区域教育的绿色发展有两层含义：一是关注人的身心健康成长，创造有利于学生健康、快乐、有尊严地成长的"绿色"环境，实现人的持续长远发展；二是教育更为安全可靠，不受其他意识形态干扰，能够提前做预警和应对，及时防范和化解风险，保证教育系统各方面稳定。在京津冀联动发展的大背景下，维护安全稳定是履行首都职责的应有之义，更是京津冀区域的一项重大政治任务。区域教育现代化要强化底线思维和忧患意识，坚持师生至上、生命至上，把维护安全稳定、防范化解风险贯穿首都教育发展各领域，统筹抓好各领域的安全稳定工作，在意识形态风险防范、平安校园建设等方面做出周密部署，为构建高质量教育体系保驾护航。

（四）开放是区域教育高质量发展的战略选择

面临日益激烈的国际竞争，为了在世界民族之林立于不败之地，中国式现代化还要放眼世界、面向未来。教育开放是教育现代化的重要特征，也是世界发达国家教育现代化发展的重要战略选择。区域教育的开放主要体现在教育体制内外、区域间和国内外三个层面上。从教育体制内外开放看，要有效保障教育供给，必须发挥体制外教育资源的有益补充作用。从区域间的教育开放看，在京津冀之外，还要充分发挥优质教育资源的辐射带动作用，加强对口合作支援；与长三角、珠三角等发达地区交流合作，共同探索具有中国特色的现代化教育发展模式和经验。从国内外教育开放看，要围绕"一带一路"建设，稳步推动高校境外办学，在更高的层次上加强教育合作。

（五）共享是区域教育高质量发展的价值追求

共享是坚持以人民为中心发展教育，建设高质量教育体系。以充分满足人民群众幼有所育、学有所教为目标，促进基础教育优质均衡发展，努力办好每一所学校，为每一名少年儿童创造更加优越的成长环境。学前教育阶段更加注重教育的质量和安全；义务教育阶段突出回应群众对教育公平、优质的诉求，着力推进教育优质均衡发展，实现区域间、校际优质教育资源差距显著缩小；高中教育阶段增加优质普通高中资源，让更多孩子受益。要全面深化教育领域综合改革，使学生过重作业负担、校外培训负担、家庭教育支出和家长相应精力负担明显减轻，让人民群众教育获得感明显增强。

二 京津冀区域教育高质量发展指标体系构建

从整体来看，京津冀区域教育高质量发展是一个长期的过程，也是与中国式教育现代化相适应的发展过程。运用一定工具对教育相关主体进行科学有效的评价，有助于了解区域教育存在的问题并加以改进。当前京津冀区域教育需要补齐评价这个短板，以促进区域教育高质量发展。基于区域教育高质量发展的政策内涵，结合京津冀区域教育规划的政策目标任务与教育改革发展实际，初步构建京津冀区域教育高质量发展评估指标体系，包含创新的教育、协调的教育、绿色的教育、开放的教育、共享的教育等 5 个一级指标、12 个二级指标和 34 个三级指标（见表 1）。

表 1　京津冀区域教育高质量发展的评估指标

一级指标	二级指标	三级指标	数据来源	监测目标
创新的教育（20分）	创新机制	构建拔尖创新人才贯通培养模式	调查数据	优良水平
		教育信息化指数	根据统计数据计算	逐年增长
		高校产学研合作比例(%)	调查数据	逐年增长
		职业学校产学研合作比例(%)	调查数据	逐年增长
	创新成果	学校发展水平指数	根据统计数据计算	稳定或增长
		获得基础教育国家级教学成果奖的数量(项)	根据统计数据计算	稳定或增长
		普通高校获得省部级以上奖励的成果数(项)	根据统计数据计算	稳定或增长
		高校发明专利授权率(%)	调查数据	稳定或增长
		高校专利所有权转让及许可收入在地区全部同类收入中的占比(%)	根据统计数据计算	稳定或增长
协调的教育（20分）	资源均衡	校际均衡差异系数	根据统计数据计算	优良水平
		城乡均衡差异系数	根据统计数据计算	优良水平
		区域均衡差异系数	根据统计数据计算	优良水平
		教师队伍结构优化指数	根据统计数据计算	优良水平
		中小学优质课程资源区域辐射率(%)	调查数据	稳定或增长
	城教融合	中职学校毕业生双证获取率(%)	根据统计数据计算	稳定或增长
		高校毕业生初次就业率(%)	根据统计数据计算	稳定或增长

续表

一级指标	二级指标	三级指标	数据来源	监测目标
绿色的教育（20分）	身心健康	中小学生体质健康测试优良率(%)	统计数据	稳定或增长
		大中小学生心理健康达标情况	调查数据	优良水平
	办学条件	中小学体育运动场（馆）面积符合实际需求	根据统计数据计算	优良水平
		中小学专用教室建设符合实际需求	根据统计数据计算	优良水平
		高校学生公寓使用面积达到国际标准	根据统计数据计算	优良水平
	安全稳定	教育系统安全机制建设	调查数据	优良水平
		学校党组织全面进步、全面过硬	调查数据	优良水平
开放的教育（20分）	体制开放	学校、社会教育资源的开放和共享水平	调查数据	优良水平
		家校社协同制度健全程度	调查数据	优良水平
	区域开放	学校参与跨区域合作办学的比例(%)	调查数据	稳定或增长
		骨干教师参与跨区域交流的比例(%)	调查数据	稳定或增长
	国际开放	普通高校国际学生净流量比	根据统计数据计算	稳定或增长
		普通高校外籍教师占比(%)	根据统计数据计算	稳定或增长
		基础教育阶段开展中外合作办学（交流）的学校占比(%)	调查数据	稳定或增长
共享的教育（20分）	教育公平	接受过资助的家庭经济困难学生中考成绩排名前20%的比例(%)	调查数据	稳定或增长
		接收5名以上残疾学生随班就读的学校资源教师及专业人员配备率(%)	调查数据	稳定或增长
	教育普惠	一般公共预算教育支出逐年只增不减	统计数据	稳定或增长
		普惠性托育服务体系	调查数据	优良水平

（一）指标设计原则

一般来说，评估指标主要为发展性指标和约束性指标，在高质量发展的要求下，主要监测发展性指标。发展性指标又可以分为达标类指标、常规指标和创新指标。其中达标类指标，比如"各级教育入学率"等是高质量教育的基本条件，具有长期稳定性，因此达标类指标将不在高质量评估指标体系中出现。常规性指标主要监测京津冀区域现阶段尚缺乏比较优势的指标，比如，"区域均衡差异系数""中小学生体质健康测试优良率""普惠性托育服务体系"等。创新指标结合未来教育发展趋势表现为一些新增指标，比如"构建拔尖创新人才贯通培养模式""教育信息化指数""接收5名以上残疾学生随班就读的学校资源教师及专业人员配备率"等。

（二）指标简述

区域教育高质量发展评估指标主要分为定量评估指标和定性评估指标两种。定量评估指标数据来源于统计数据的深度加工计算，定性评估指标一般为调查数据，主要通过实地调研、问卷调查、专家评估打分等方法进行量化。每一个指标都有对应的内涵、监测维度、计算方法和监测依据，限于篇幅，此处在每个一级指标中选取1~2个三级指标为代表做阐述。

1. 构建拔尖创新人才贯通培养模式

（1）指标内涵

建立拔尖创新学生的发现、鉴别、跟踪和评估机制，为拔尖创新人才的培养提供科学指导。通过特殊的选拔办法、科学的教育方式和持续的跟踪机制，探索拔尖创新人才的培养模式。加强相关的政策法规调整、培养模式创新、专业标准建立、师资队伍建设以及保障条件落实等。

（2）监测维度

一是建立拔尖创新学生的发现、鉴别、跟踪和评估机制；二是探索拔尖创新人才的培养模式；三是推动相关的政策法规调整、培养模式创新、专业标准建立、师资队伍建设以及保障条件落实等。

（3）计算方法

利用专家打分法进行评价，评价结果分为四个等级，依次为不合格、合格、良好、优秀。不合格=0分，合格=总分×50%，良好=总分×75%，优秀=总分×100%。

优秀：全面贯彻落实，取得重要成绩，产生良好示范效应。

良好：全面贯彻落实，取得一定成绩。

合格：全面贯彻落实。

不合格：年度内发生严重的负面事件，产生不良的社会影响。

2.学校发展水平指数

（1）指标内涵

本报告通过标准班额、"双一流"建设等指标衡量大中小学校优质硬件教育资源和优质软件教育资源的综合水平。

（2）监测维度

一是中小学标准班额比例，权重为0.4；二是一流高校占比，权重为0.3；三是一流学科占比，权重为0.3。

（3）计算方法

第一步，设定最小值和最大值以将各监测维度的指标转变为从0到1的数值。其中，单个正向指标的标准化方法为：$Z_i=$实际值 $X_i/$ 最大值；单个逆向指标的标准化方法为：$Z_i=$ 最小值/实际值 X_i。第二步，指数计算，公式为 $F=\sum_{i=1}^{n}W_iZ_i$，其中 F 为总目标实现程度，Z_i 为指标 X_i 的标准化分值，X_i 为实际值，W_i 为指标 X_i 的权重。

3. 校际均衡差异系数

（1）指标内涵

校际均衡差异系数代表优质教师资源、教学硬件资源和软件资源等在校际的差异程度。

（2）监测维度

监测维度如下：①每百名学生拥有高于规定学历教师数（人），权重为0.1；②每百名学生拥有区级以上骨干教师数（人），权重为0.2；③每百名学生拥有思想政治理论/体育/艺术/劳动与综合实践活动课程专任教师数（人），权重为0.2；④生均教学及辅助用房面积（平方米），权重为0.1；⑤生均体育运动场馆面积（平方米），权重为0.1；⑥生均教学仪器设备资产值（元），权重为0.1；⑦生均图书量（册），权重为0.1；⑧每百名学生拥有网络多媒体教室数（间），权重为0.1。

（3）计算方法

计算公式：$CV = \left(\dfrac{S}{\bar{X}}\right)$。其中，$S = \sqrt{\sum_{i=1}^{n}(P_i/P_N) \times (X_i - \bar{X})^2}$，$X_i$ 表示校际均衡指标体系中第 i 个学校某个指标值，$X_i = x_i/P_i$，x_i 为该指标第 i 个学校的原始值，P_i 为第 i 个学校的在校生数；$\bar{X}$ 表示该指标的区平均值，$\bar{X} = \sum_{i=1}^{n} x_i/P_N$，$P_N$ 为区内所有学校的在校生数，$P_N = \sum_{i=1}^{n} P_i$。

4. 教师队伍结构优化指数

（1）指标内涵

本报告通过教师队伍总量、优秀教师相对规模、教师队伍年龄结构、教师队伍学历结构、教师队伍类型结构、教师队伍学科结构等综合衡量各级各类教师资源发展的充分性和优化性。

（2）监测维度

监测维度如下：①生师比，权重为0.1；②每百名学生拥有区级以上骨干教师数（人），权重为 0.2；③30~44 岁教师占专任教师总数的比重（%），权重为 0.2；④基础教育阶段研究生及以上学历教师占比（%），权重为 0.1；⑤普通高校具有博士学位的专任教师占比（%），权重为 0.1；⑥双师型教师比例（%），权重为 0.2；⑦每百名学生拥有思想政治理论/体育/艺术/劳动与综合实践活动课程专任教师数（人），权重为 0.1。

（3）计算方法

第一步，设定最小值和最大值以将各监测维度的指标转变为从 0 到 1 的数值。其中，单个正向指标的标准化方法为：Z_i＝实际值 X_i/最大值；单个逆向指标的标准化方法为：Z_i＝最小值/实际值 X_i。第二步，指数计算，公式为 $F = \sum_{i=1}^{n} W_i Z_i$，其中 F 为总目标实现程度，Z_i 为指标 X_i 的标准化分值，X_i 为实际值，W_i 为指标 X_i 的权重。

5. 中小学生体质健康测试优良率

（1）指标内涵

按国家学生体质健康测试要求对中小学生开展相关测试，按国家学生体质健康标准衡量，达到优秀和良好等级的学生比例。

（2）监测维度

一是中小学生参加国家学生体质健康测试的优秀率；二是中小学生参加国家学生体质健康测试的良好率。

（3）计算方法

中小学生参加国家学生体质健康测试的优秀率+中小学生参加国家学生体质健康测试的良好率。

6. 教育系统安全机制建设

（1）指标内涵

教育系统安全风险分级管控和隐患排查治理双重预防体系建立情

况，学校主体责任、教育部门和属地政府监管责任有效落实情况。主要包括消防安全、交通安全、施工场所安全、校园安全生产和特种设备、实验室危险化学品安全管理、食品安全、大型活动安全和防拥挤踩踏、公共卫生安全、信息安全等。

（2）监测维度

重点考察是否构建管理体制和明确相关组织机构；制定促进校园安全的发展目标和实施方案；建立相关会议制度；建立相关资金投入制度；建立平安校园创建考核评价体系；年度教育工作计划体现安全建设相关要求。

（3）计算方法

按上述维度设计调查问卷，结合调查问卷情况由专家打分。

7.骨干教师参与跨区域交流的比例

（1）指标内涵

大中小学校教师和管理人员参与跨行政区域的教师培训、交流研修、协同合作等促进教师素质提升、增进区域教师交流活动的人次。

（2）监测维度

一是各区域中小幼教师跨区（这里的"跨区"主要指跨地市级的行政区域）培训、交流研修的参与人次。二是京津冀大中小学教师轮岗交流，包括区域之间、区域内的中小学教师交流与挂职、对口支援等的参与人次。三是京津冀高校教师互聘、学生来京访学的参与人次。

（3）计算方法

$0.5 \times$ 每年骨干教师交流轮岗人数/交流轮岗教师总数 $+ 0.2 \times$ 每年接受挂职跟岗人数/接受外地干部教师培训人数 $+ 0.2 \times$ 每年选派1年以上支教教师人数/选派1个月以上支教教师人数 $+ 0.1 \times$ 每年中职、高校访学学生人数/中职、高校在校生规模。

8. 普通高校国际学生净流量比

（1）指标内涵

普通高校国际学生净流量比是指高等教育流入学生比例减去流出学生的比例，该指标能够反映高等教育学生进行国际流动的流向，在一定程度上体现高校的对外吸引力。正值表示流入学生多于流出学生，高校对外吸引力较强。

（2）监测维度

一是普通高校国际学生在校生数；二是普通高校出国留学人数。

（3）计算方法

净流量比=普通高校流入学生比例−普通高校流出学生比例。其中，普通高校流入学生比例=普通高校国际学生在校生数/普通高校在校生总数×100；普通高校流出学生比例=普通高校出国留学人数/普通高校在校生总数×100。

9. 接收5名以上残疾学生随班就读的学校资源教师及专业人员配备率

（1）指标内涵

《教育部关于加强残疾儿童少年义务教育阶段随班就读工作的指导意见》（教基〔2020〕4号）要求，"对接收5名以上残疾学生随班就读的学校应当设立专门的资源教室，并按照特殊教育资源教室建设指南，根据学生残疾类别配备必要的教育教学、康复训练设施设备和资源教师及专业人员"。该指标反映了融合教育质量。

（2）监测维度

一是接收5名以上残疾学生随班就读的学校数；二是上述学校中资源教师及专业人员配备情况。

（3）计算方法

接收5名以上残疾学生随班就读的学校资源教师及专业人员配备率=接收5名以上残疾学生随班就读的学校中配备了资源教师及专业人员的学校数/接收5名以上残疾学生随班就读的学校总数×100%。

10. 一般公共预算教育支出逐年只增不减

（1）指标内涵

教育经费"两个只增不减"是指确保一般公共预算教育支出逐年只增不减，确保按在校学生人数平均的一般公共预算教育支出逐年只增不减，这是国家层面的顶层设计，是支持教育事业优先发展的重要政策措施。

（2）监测维度

一是上一年度一般公共预算教育支出；二是当年一般公共预算教育支出。

（3）计算方法

比较上一年度一般公共预算教育支出和当年一般公共预算教育支出。如果前者大于或等于后者，则该指标没有实现；如果前者小于后者，则该指标实现。

（三）京津冀区域教育高质量发展水平测度方法

京津冀区域教育高质量发展的评估指标可以单独评估一个地区。比如，可以测试北京5个一级指标历年的得分情况，这种评估方法只需利用当地的调查统计数据即可实现。当然，这套评估指标也可以评估京津冀三地整体的水平，鉴于三地统计数据各自归口管理，这里采用熵值法开展京津冀区域教育高质量发展水平测度评估。

由于各项指标的计量单位并不统一，因此在用它们计算综合指标前，先要对它们进行标准化处理，即把指标的绝对值转化为相对值，从而解决各项不同质指标值的同质化问题，具体步骤如下。

第一步：数据标准化处理，京津冀区域教育高质量发展评估指标都为正向指标。

$$y_{ij} = \frac{x_{ij} - \min x_j}{\max x_j - \min x_j} \qquad (1)$$

其中，i 表示地区，j 表示指标。x_{ij} 表示原始指标值，y_{ij} 表示标准化处理后的指标值，$\max x_j$ 和 $\min x_j$ 分别表示第 j 个指标在所有地区中的最大值和最小值。

第二步：计算 i 地区第 j 个指标的比重。

$$p_{ij} = \frac{y_{ij}}{\sum_{i=1}^{n} y_{ij}} \tag{2}$$

其中，n 表示地区数。

第三步：计算指标的信息熵。

$$e_j = -\frac{1}{\ln n} \sum_{i=1}^{n} p_{ij} \ln p_{ij} \tag{3}$$

第四步：计算指标的差异性系数。

$$g_j = 1 - e_j \tag{4}$$

第五步：计算指标权重。

$$w_j = \frac{g_j}{\sum_{j=1}^{m} g_j} \tag{5}$$

第六步：计算单项评价指标得分。

$$s_{ij} = w_j \times y_{ij} \tag{6}$$

第七步：计算综合评价指标得分。

$$u_i = \sum_{i=1}^{q} w_j \times y_{ij} \tag{7}$$

其中，u_i 表示 i 地区某个二级指标的得分，q 为二级指标中具体包含的单项指标数，w_j 为第 j 个指标的权重，y_{ij} 为原始数据标准化处理后的指标值。

三　构建区域教育高质量发展评估的常态机制

从指标体系走向制度建设是推进区域教育高质量发展的必然选择。没有机制保障的监测，不仅监测成本高、效益低，而且难以得到可持续发展。构建京津冀区域教育高质量发展评估的常态机制，关键是构建完善的数据收集体系和监测运用机制。

（一）建立动态调整的区域教育高质量评估机制

教育高质量发展在不同历史阶段有不尽相同的目标特征与内涵，需要有不同的评估指标来适时反映，因此，教育高质量发展评估应在把握其现阶段特征与内涵的基础上设计和选取评估指标，并适时做出与时俱进的调整，增强评估的科学性与合理性。京津冀区域目前还缺乏统一完整的反映教育发展水平的数据库，区域统计口径不统一很容易导致比较结果的偏差，可以说教育领域进入大数据时代任重道远。为加强三地教育现代化的宏观调控，有必要形成教育高质量发展监测联动机制，充分利用现代信息技术，加强原始数据采集队伍和数据库建设队伍的专业化培训，加强区域教育大数据的建设与运用，构建共享信息、共担职责、共促发展的新型协商和契约关系。

（二）建立由大数据支持的评估信息服务体系

在新老问题叠加的复杂形势下，科学审慎的教育决策越来越需要综合考察包括教育、经济、社会、民意等信息在内的多方数据，并对相关数据所潜藏的问题进行科学合理的揭示与解读。在教育领域，国内外已有研究与经验表明，基于大数据的科研支撑体系有助于为教育决策提供方向和依据，从而有利于提高相关教育决策的科学性、专业性与有效性。利用大数据可以获得并挖掘更多原始基础教育数据信息，印证和揭示更有价值的教育规律和发展机制，促进教育问题挖掘与分析愈加精准和深入，有利于打破单一分析模式，打造更具效率、数据真实、主体自觉、途径多元、结果公正的科研生态。目前我国教育决策过程过于依赖经验、缺乏数据支撑，尽管近年来的教育决策已然采纳了基于数据的丰富研究成果，但相关数据分析在整体上依然建立在相对零散、单一的分析工具基础上，缺乏具有综合性、系统性、权威性、常态性的大数据体系的有力支撑，由此产生的短板效应正日益构成区域教育决策系统发展的重要制约因素。建立起体系完备、内容可靠、功能强大的大数据决策支撑体系至关重要。

（三）提高评估结果使用效率

提高评估结果应用水平是提升教育高质量发展动态评估能力的重要落脚点。重监测、轻应用，重数据分析、轻政策调适，不利于持续推进教育现代化发展。[①] 就教育高质量发展评估体系的功能优势而言，它拥有超越其他传统政策分析工具的独特优势。首先，它可以充分考虑各方面的变量，为决策者提供全局视野。其次，它可以对海量数据进行分析，相对快速而清晰地描绘原本模糊的教育活动场景及教育要素间的相互作用关系。最后，它可以对未来进行预测，使决策者具有更为开阔的视野，帮助其超越个体与局部的相对静态视角，更加及时有效地发现问题所在、可能弱点和盲区，从而加强对教育问题的科学预判及风险规避。在宏观层面，它可以帮助决策者和相关科研人员对教育发展形势与问题进行科学研判。在中观层面，大数据决策支

---

① 陈国良、张曦琳：《教育现代化动态监测：理念、方法与机制》，《教育发展研究》2019 年第 21 期。

撑体系可以从学校和学区的管理层面影响相关资源的调配及政策实施，由此帮助学校或学区审慎地制订发展计划，为其提供改进的途径，并通过数据的应用构建一种良性循环的校园文化。

本报告的部分指标解释和计算方法来自"北京高质量教育评价指标体系建构研究"研究团队成员李旭、曹浩文、雷虹的智力贡献，在此表示感谢。

B.2
京津冀教育发展基本状况研究

吕贵珍*

摘　要： 2021 年，京津冀三地经济快速发展，地区生产总值、人均可支配收入、人均消费支出等较上一年都有所增长，为教育发展提供了保障。京津冀三地教育事业规模方面，幼儿园和小学招生人数减少，其他各阶段教育规模相对稳定，小幅度上下波动。京津冀三地公共财政教育支出金额都有所增长；京津冀三地各教育阶段生均一般公共预算公用经费除了天津市普通高校出现了较大幅度下降，其他均有所增长，其中北京市普通高校和天津市中职教育增长最为突出。京津冀三地教育经费水平、教师队伍、办学条件等还有一定差距，教育整体高质量发展和协同发展还面临较大挑战。

关键词： 区域教育　教育发展　京津冀

2021 年是"十四五"开局之年，京津冀教育发展的基本现状是深入开展"十四五"时期京津冀教育协同发展研究的基础。本报告将从京津冀经济社会发展、教育事业规模、教育师资、教育经费、

＊ 吕贵珍，北京教育科学研究院教育发展研究中心副研究员，主要研究领域为教育政策、区域教育发展等。

教育办学条件等方面进行比较，分析从 2020 年到 2021 年京津冀教育发展的基本状况。

一 经济社会发展概况

（一）经济方面

第一，京津冀三地地区生产总值都有了较大增长。从 2020 年到 2021 年，京津冀三地的地区生产总值都保持了两位数的增长，其中北京市增长了 11.54%，天津市增长了 11.44%，河北省增长了 11.56%。

第二，京津冀三地产业结构不断调整。从 2020 年到 2021 年，京津冀三地的第一产业增加值、第二产业增加值和第三产业增加值都有所增长，其中第二产业增加值增长最为突出，都保持了两位数的增长。北京市第二产业增加值增长了 27.15%，天津市第二产业增加值增长了 21.86%，河北省第二产业增加值增长了 20.35%。

第三，京津冀三地一般公共预算收入都有所增长，天津市增长最多。从 2020 年到 2021 年，北京市一般公共预算收入增长了 8.18%，天津市一般公共预算收入增长了 11.33%，河北省一般公共预算收入增长了 8.92%。

第四，京津冀三地一般公共预算支出都相对稳定，北京市和天津市小幅增长，河北省略有下降。从 2020 年到 2021 年，北京市一般公共预算支出增长了 1.25%，天津市一般公共预算支出增长了 0.04%，河北省一般公共预算支出减少了 1.93%。

第五，京津冀三地人均可支配收入都有较大幅度增长，北京市和天津市增长尤为突出，京津冀三地人均可支配收入存在较大差距。2021 年北京市人均可支配收入为 75002.2 元，较上一年增长

42.78%；2021年天津市人均可支配收入为47449.4元，较上一年增长39.25%；2021年河北省人均可支配收入为29383.0元，较上一年增长8.28%。从京津冀三地的比较看，京津冀三地人均可支配收入存在较大差距，北京市是天津市的1.58倍，是河北省的2.55倍。

第六，京津冀三地人均消费支出都有较大幅度增长，北京市和天津市增长尤为突出，京津冀三地人均消费支出存在较大差距。2021年北京市人均消费支出为43640.4元，较上一年增长了23.22%；2021年天津市人均消费支出为33188.4元，较上一年增长了27.02%；2021年河北省人均消费支出为19953.6元，较上一年增长了10.63%。从京津冀三地的比较看，京津冀三地人均消费支出存在较大差距，北京市是天津市的1.31倍，是河北省的2.19倍。

总之，京津冀三地经济保持强劲增长势头，为三地教育发展提供了良好保障。2020年和2021年京津冀三地经济发展具体数据情况见表1。

（二）社会与人口方面

第一，京津冀三地常住人口均略有减少。从2020年到2021年，北京市常住人口减少了111万人，天津市常住人口减少了9万人，河北省常住人口减少了202万人。

第二，京津冀三地人口城镇化率相对稳定，北京市人口城镇化率略有降低，天津市和河北省的人口城镇化率略有提升。从2020年到2021年，北京市城镇人口比重从87.55%下降到87.50%；天津市城镇人口比重从84.70%提升为84.88%；河北省的城镇人口比重从60.07%提升为61.14%。从京津冀三地人口城镇化率比较看，天津市的城镇化率与北京市接近，都在80%以上，河北省的城镇化率较北京市和天津市低一些。

表 1 2020 年和 2021 年京津冀三地经济发展情况

指标	北京市			天津市			河北省		
	2020 年	2021 年	增长(%)	2020 年	2021 年	增长(%)	2020 年	2021 年	增长(%)
地区生产总值(亿元)	36102.55	40269.6	11.54	14083.73	15695.0	11.44	36206.89	40391.3	11.56
产业结构 第一产业增加值(亿元)	107.61	111.3	3.43	210.18	225.4	7.24	3880.14	4030.3	3.87
第二产业增加值(亿元)	5716.37	7268.6	27.15	4804.08	5854.3	21.86	13597.20	16364.2	20.35
第三产业增加值(亿元)	30278.57	32889.6	8.62	9069.47	9615.4	6.02	18729.54	19996.7	6.77
财政收支 一般公共预算收入(亿元)	5483.89	5932.31	8.18	1923.11	2141.06	11.33	3826.46	4167.62	8.92
一般公共预算支出(亿元)	7116.18	7205.12	1.25	3151.35	3152.55	0.04	9022.79	8848.21	-1.93
人均可支配收入(元)	52530.4	75002.2	42.78	34074.5	47449.4	39.25	27135.9	29383.0	8.28
人均消费支出(元)	35415.7	43640.4	23.22	26129.3	33188.4	27.02	18037.0	19953.6	10.63

注：因四舍五入存在误差。

资料来源：2021 年和 2022 年《中国统计年鉴》。

第三，河北省与北京市和天津市的人口抚养比存在一定差距。2021 年北京市人口总抚养比为 35.76，天津市为 41.23，河北省为 51.84；2021 年北京市少儿抚养比为 16.44，天津市为 18.74，河北省为 29.18；2021 年北京市老年抚养比为 19.33，天津市为 22.49，河北省为 22.65。

2020 年和 2021 年京津冀三地社会与人口方面的数据情况见表 2。

表 2　2020 年和 2021 年京津冀三地社会与人口基本情况

指标	年份	北京市	天津市	河北省
常住人口数量（万人）	2020	2189	1387	7464
	2021	2078	1378	7262
城镇人口比重（%）	2020	87.55	84.70	60.07
	2021	87.50	84.88	61.14
人口总抚养比	2020	33.58	39.33	51.85
	2021	35.76	41.23	51.84
少儿抚养比	2020	15.81	18.77	30.71
	2021	16.44	18.74	29.18
老年抚养比	2020	17.77	20.56	21.14
	2021	19.33	22.49	22.65

注：因四舍五入存在误差。
资料来源：2021 年和 2022 年《中国统计年鉴》。

第四，京津冀三地人口受教育程度提升，三地之间存在一定差距。从 2020 年到 2021 年，京津冀三地大专及以上人口所占比例都有所增长，其中北京市的大专及以上人口所占比例从 44.39% 增长为 49.14%，天津市的大专及以上人口所占比例从 28.41% 增长为 32.95%，河北省的大专及以上人口所占比例从 13.32% 增长为 14.17%。

2020~2021 年京津冀三地人口受教育程度情况见表 3。

表3　2020 年和 2021 年京津冀三地 6 岁及以上人口受教育程度情况

单位：%

地区	年份	未上过学	小学	初中	高中	大专及以上
北京市	2020	1.35	11.02	24.63	18.60	44.39
	2021	1.05	10.70	21.84	17.27	49.14
天津市	2020	1.94	16.91	34.06	18.69	28.41
	2021	1.89	15.56	30.54	19.06	32.95
河北省	2020	2.73	26.25	42.84	14.86	13.32
	2021	2.35	26.15	40.58	16.75	14.17

资料来源：根据 2021 年和 2022 年《中国统计年鉴》相关数据计算得出。

二　教育事业规模情况

（一）北京市教育事业规模情况

从机构数情况看，与 2020 年相比，2021 年北京市幼儿园数量增加了 101 所，小学数量减少了 97 所，初中学校和普通高校的数量没有变化，普通高中学校增加了 11 所，中职学校减少了 1 所。

从招生情况看，与 2020 年相比，2021 年北京市幼儿园招生数减少了 3.16 万人，小学招生数减少了 1.58 万人，初中招生数减少了 0.17 万人，普通高中招生数增加了 0.12 万人，中职学校招生数增加了 0.05 万人，普通高校本专科招生数增加了 0.51 万人。

从在校生情况看，与 2020 年相比，2021 年北京市幼儿园在校生数增加了 4.08 万人，小学在校生数增加了 4.16 万人，初中在校生数增加了 1.91 万人，普通高中在校生数增加了 1.59 万人，中职学校在校生数增加了 0.16 万人，普通高校本专科在校生数增加了 0.83 万人。

2020 年和 2021 年北京市教育事业规模相关数据情况见表 4 和表 5。

表4 2020年和2021年北京市幼儿园、小学和初中教育规模情况

单位：所，万人

	幼儿园			小学			初中		
	机构数	招生数	在校生数	机构数	招生数	在校生数	机构数	招生数	在校生数
2020年	1899	22.18	52.59	934	20.22	99.50	335	12.21	33.05
2021年	2000	19.02	56.67	837	18.64	103.66	335	12.04	34.96
增加	101	-3.16	4.08	-97	-1.58	4.16	0	-0.17	1.91

资料来源：2020年和2021年《中国教育统计年鉴》。

表5 2020年和2021年北京市普通高中、中职和普通高校教育规模情况

单位：所，万人

	普通高中			中职			普通高校		
	机构数	招生数	在校生数	机构数	招生数	在校生数	机构数	本专科招生数	本专科在校生数
2020年	321	6.11	16.02	84	1.60	4.64	92	15.47	60.87
2021年	332	6.23	17.61	83	1.65	4.80	92	15.98	61.70
增加	11	0.12	1.59	-1	0.05	0.16	0	0.51	0.83

资料来源：2020年和2021年《中国教育统计年鉴》。

（二）天津市教育事业规模情况

从机构数情况看，与2020年相比，2021年天津市幼儿园数量减少了229所，小学增加了10所，初中学校减少了1所，普通高中学校增加了6所，中职学校减少了4所，普通高校学校数量没有变化。

从招生情况看，与2020年相比，2021年天津市幼儿园招生数减少了1.39万人，小学招生数减少了0.96万人，初中招生数增加了0.33万人，普通高中招生数增加了0.23万人，中职学校招生数增加了0.15万人，普通高校本专科招生数减少了0.47万人。

从在校生情况看，与 2020 年相比，2021 年天津市幼儿园在校生数增加了 1.74 万人，小学在校生数增加了 2.18 万人，初中在校生数增加了 1.91 万人，普通高中在校生数增加了 2.21 万人，中职学校在校生数增加了 0.17 万人，普通高校本专科在校生数增加了 1.11 万人。

2020 年和 2021 年天津市教育事业规模相关数据情况见表 6 和表 7。

表 6　2020 年和 2021 年天津市幼儿园、小学和初中教育规模情况

单位：所，万人

	幼儿园			小学			初中		
	机构数	招生数	在校生数	机构数	招生数	在校生数	机构数	招生数	在校生数
2020 年	2575	12.44	29.86	885	13.38	73.01	345	10.98	32.18
2021 年	2346	11.05	31.60	895	12.42	75.19	344	11.31	34.09
增加	−229	−1.39	1.74	10	−0.96	2.18	−1	0.33	1.91

资料来源：2020 年和 2021 年《中国教育统计年鉴》。

表 7　2020 年和 2021 年天津市普通高中、中职和普通高校教育规模情况

单位：所，万人

	普通高中			中职			普通高校		
	机构数	招生数	在校生数	机构数	招生数	在校生数	机构数	本专科招生数	本专科在校生数
2020 年	185	6.24	16.86	67	2.69	7.84	56	16.32	57.22
2021 年	191	6.47	19.07	63	2.84	8.01	56	15.85	58.33
增加	6	0.23	2.21	−4	0.15	0.17	0	−0.47	1.11

资料来源：2020 年和 2021 年《中国教育统计年鉴》。

（三）河北省教育事业规模情况

从机构数情况看，与 2020 年相比，2021 年河北省幼儿园数量增加了 761 所，小学数量减少了 21 所，初中学校增加了 50 所，普通高中学校增加了 31 所，中职学校减少了 5 所，普通高校减少了 2 所。

从招生情况看，与 2020 年相比，2021 年河北省幼儿园招生数减少了 14.27 万人，小学招生数减少了 17.90 万人，初中招生数增加了 8.24 万人，普通高中招生数增加了 2.51 万人，中职学校招生数增加了 1.14 万人，普通高校本专科招生数减少了 0.75 万人。

从在校生情况看，与 2020 年相比，2021 年河北省幼儿园在校生数增加了 1.72 万人，小学在校生数减少了 11.57 万人，初中在校生数增加了 7.39 万人，普通高中在校生数增加了 13.10 万人，中职学校在校生数增加了 7.28 万人，普通高校本专科在校生数增加了 9.95 万人。

2020 年和 2021 年河北省教育事业规模相关数据情况见表 8 和表 9。

表 8　2020 年和 2021 年河北省幼儿园、小学和初中教育规模情况

单位：所，万人

	幼儿园			小学			初中		
	机构数	招生数	在校生数	机构数	招生数	在校生数	机构数	招生数	在校生数
2020 年	18057	99.15	245.31	11625	116.33	695.92	2466	99.68	301.55
2021 年	18818	84.88	247.03	11604	98.43	684.35	2516	107.92	308.94
增加	761	-14.27	1.72	-21	-17.90	-11.57	50	8.24	7.39

资料来源：2020 年和 2021 年《中国教育统计年鉴》。

表 9　2020 年和 2021 年河北省普通高中、中职和普通高校教育规模情况

单位：所，万人

	普通高中			中职			普通高校		
	机构数	招生数	在校生数	机构数	招生数	在校生数	机构数	本专科招生数	本专科在校生数
2020 年	707	56.08	151.75	607	34.47	83.79	125	47.43	160.48
2021 年	738	58.59	164.85	602	35.61	91.07	123	48.18	170.43
增加	31	2.51	13.10	-5	1.14	7.28	-2	-0.75	9.95

资料来源：2020 年和 2021 年《中国教育统计年鉴》。

三　各级各类教育师资情况

（一）生师比情况

从京津冀三地生师比情况看，从2020年到2021年，各教育阶段生师比小幅波动，有的阶段小幅提升，有的阶段小幅下降。从京津冀三地的比较看，三地各教育阶段的生师比有一定差距，比如2021年北京市幼儿园阶段生师比为11.71，天津市为12.49，河北省为14.91；2021年北京市小学阶段生师比为13.92，天津市为15.26，河北省为16.59；2021年北京市初中阶段生师比为8.87，天津市为11.21，河北省为13.39；2021年北京市普通高中生师比为8.08，天津市为11.14，河北省为13.18。2020年和2021年京津冀三地各教育阶段生师比具体数据见表10。

表10　2020年和2021年京津冀三地各教育阶段生师比情况

地区	年份	幼儿园	小学	初中	普通高中	中职
北京市	2020	10.96	14.01	8.68	7.62	8.04
	2021	11.71	13.92	8.87	8.08	7.85
天津市	2020	11.33	15.38	11.02	10.04	14.20
	2021	12.49	15.26	11.21	11.14	14.64
河北省	2020	15.19	17.07	13.72	13.18	16.65
	2021	14.91	16.59	13.39	13.18	16.98

资料来源：根据2020年和2021年《中国教育统计年鉴》相关数据计算得出。

（二）专任教师学历情况

从2020年到2021年，京津冀三地专任教师的学历总体有所提升，个别阶段出现了下降。例如，2021年北京市幼儿园专任教师本科及以上学历占比为 52.25%，比上年提升了 2.93 个百分点；2021年天津市幼儿园专任教师本科及以上学历占比为 53.95%，比上年提升了 2.03 个百分点；2021 年河北省幼儿园专任教师本科及以上学历占比为 24.91%，比上年提升了 5.63 个百分点。

2021 年，京津冀三地各教育阶段专任教师学历情况存在一定的差距。例如，2021 年北京市小学阶段专任教师本科及以上占为 95.45%，天津市为 86.90%，河北省为 65.02%；2021 年北京市普通高中阶段专任教师研究生及以上学历占比为 37.60%，天津市为 19.86%，河北省为 10.79%；2021 年北京市普通高校阶段专任教师研究生及以上学历占比为 92.67%，天津市为 84.38%，河北省为 69.17%。

2020 年和 2021 年京津冀三地各教育阶段专任教师学历情况的具体数据见表 11。

表 11　2020 年和 2021 年京津冀三地各教育阶段专任教师学历占比情况

单位：%

地区	年份	幼儿园本科及以上	小学本科及以上	初中本科及以上	普通高中研究生及以上	中职研究生及以上	普通高校研究生及以上
北京市	2020	49.32	94.73	99.30	34.65	17.90	89.82
	2021	52.25	95.45	99.24	37.60	19.89	92.67
天津市	2020	51.92	85.12	97.66	19.23	16.34	73.20
	2021	53.95	86.90	98.19	19.86	13.42	84.38
河北省	2020	19.28	66.59	89.89	10.12	5.61	58.26
	2021	24.91	65.02	90.35	10.79	6.04	69.17

资料来源：根据 2020 年和 2021 年《中国教育统计年鉴》相关数据计算得出。

（三）专任教师职称情况

从京津冀三地各教育阶段专任教师职称情况看，各教育阶段专任教师职称占比总体较为稳定。天津市幼儿园、小学、初中和中职阶段专任教师职称情况优于北京市和河北省。2021 年天津市小学阶段中级及以上专任教师所占比例为 67.30%，北京市为 53.12%，河北省为 46.28%。普通高校专任教师副高级及以上占比，北京市高于天津市和河北省。2021 年北京市普通高校专任教师副高级及以上教师占比为 66.95%，天津市为 49.77%，河北省为 47.36%。2020 年和 2021年京津冀三地各教育阶段专任教师职称情况的具体数据见表 12。

表 12　2020 年和 2021 年京津冀三地各教育阶段专任教师职称占比情况

单位：%

地区	年份	幼儿园中级及以上	小学中级及以上	初中副高级及以上	普通高中副高级及以上	中职副高级及以上	普通高校副高级及以上
北京市	2020	15.01	53.40	28.09	40.03	33.17	66.75
	2021	15.70	53.12	27.88	39.57	33.42	66.95
天津市	2020	21.12	67.01	34.80	39.43	37.57	47.94
	2021	20.98	67.30	34.80	39.32	37.42	49.77
河北省	2020	12.00	50.88	18.22	16.34	26.67	42.52
	2021	14.39	46.28	18.28	20.04	26.04	47.36

资料来源：根据 2020 年和 2021 年《中国教育统计年鉴》相关数据计算得出。

四　各级各类教育经费情况

（一）公共财政教育支出情况

第一，与 2020 年相比，2021 年京津冀三地公共财政教育支出金额都有不同程度增长，其中天津市增长幅度最大，增长了 7.37%；其次是河北省，增长了 2.48%；北京市增长了 0.64%。

第二，天津市和河北省公共财政教育支出占公共财政支出比例有小幅增长，北京市略有下降。与 2020 年相比，2021 年天津市公共财政教育支出占公共财政支出比例提高了 1.02 个百分点，河北省提高了 0.79 个百分点，北京市下降了 0.10 个百分点。

2020 年和 2021 年京津冀三地公共财政教育支出及其占公共财政支出比例的具体数据情况见表 13。

表 13　2020 年和 2021 年京津冀三地公共财政教育支出及其占公共财政支出比例情况

	公共财政教育支出（亿元）			公共财政教育支出占公共财政支出比例（%）		
	北京市	天津市	河北省	北京市	天津市	河北省
2020 年	1128.00	440.53	1581.74	15.85	13.98	17.53
2021 年	1135.16	472.98	1621.01	15.75	15.00	18.32
增长（%或个百分点）	0.64	7.37	2.48	−0.10	1.02	0.79

资料来源：《教育部 国家统计局 财政部关于 2020 年全国教育经费执行情况统计公告》和《教育部 国家统计局 财政部关于 2021 年全国教育经费执行情况统计公告》。

（二）生均一般公共预算教育事业费情况

第一，北京市普通高校生均一般公共预算教育事业费有了较大幅度增长，小学和中职也有所增长，幼儿园、初中、普通高中阶段下降。与 2020 年相比，2021 年北京市普通高校生均一般公共预算教育事业费增长了 16%；小学增长了 0.26%，中职增长了 3.01%；幼儿园下降了 1.41%，初中下降了 2.61%，普通高中下降了 5.49%。

第二，天津市普通高校生均一般公共预算教育事业费出现较大幅度下降，其他教育阶段生均一般公共预算教育事业费都有所增长。与 2020 年相比，2021 年天津市普通高校生均一般公共预算教育事业费下降了 15.86%；幼儿园增长了 8.12%，小学增长了 9.53%，初中增长了 4.01%，普通高中增长了 2.08%，中职增长了 10.05%。

第三，河北省幼儿园、小学、初中阶段生均一般公共预算教育事业费增长了，普通高中、中职、普通高校生均一般公共预算教育事业费下降了。与 2020 年相比，2021 年河北省幼儿园生均一般公共预算教育事业费增长了 1.38%，小学增长了 2.56%，初中增长了 2.18%；普通高中下降了 1.22%，中职下降了 3.13%，普通高校下降了 2.71%。

2020 年和 2021 年京津冀三地各教育阶段生均一般公共预算教育事业费及其增长情况的具体数据见表 14 和表 15。

（三）生均一般公共预算公用经费情况

第一，北京市各教育阶段生均一般公共预算公用经费有了较大幅度增长，普通高校增长最为突出。与 2020 年相比，2021 年北京市幼儿园生均一般公共预算公用经费增长了 12.93%，小学增长了 15.57%，初中增长了 14.46%，普通高中增长了 2.88%，中职增长了 9.08%，普通高校增长了 34.95%。

第二，天津市普通高校生均一般公共预算公用经费下降明显，其他教育阶段生均一般公共预算公用经费都有较大幅度增长，中职教育阶段增长最为突出。与 2020 年相比，2021 年天津市幼儿园生均一般公共预算公用经费增长了 9.31%，小学增长了 16.84%，初中增长了 15.45%，普通高中增长了 4.50%，中职增长了 37.92%，普通高校减少了 37.27%。

第三，河北省各教育阶段生均一般公共预算公用经费均有不同程度增长，普通高校增长最多。与上年相比，2021 年河北省幼儿园生均一般公共预算公用经费增长了 0.90%，小学增长了 5.08%，初中增长了 3.65%，普通高中增长了 0.87%，中职增长了 4.48%，普通高校增长了 9.05%。

2020 年和 2021 年京津冀三地各教育阶段生均一般公共预算公用经费及其增长情况的具体数据见表 16 和表 17。

表 14 2020 年和 2021 年京津冀三地幼儿园、小学、初中生均一般公共预算教育事业费情况

单位：元，%

	幼儿园			小学			初中		
	北京市	天津市	河北省	北京市	天津市	河北省	北京市	天津市	河北省
2020 年	39094.01	22821.70	6960.83	33546.46	18562.97	9327.11	58686.11	29874.29	13048.58
2021 年	38540.98	24674.28	7057.16	33633.65	20331.99	9566.05	57156.75	31072.57	13332.89
增长	-1.41	8.12	1.38	0.26	9.53	2.56	-2.61	4.01	2.18

资料来源：《教育部 国家统计局 财政部关于 2020 年全国教育经费执行情况统计公告》和《教育部 国家统计局 财政部关于 2021 年全国教育经费执行情况统计公告》。

表 15 2020 年和 2021 年京津冀三地普通高中、中职、普通高校生均一般公共预算教育事业费情况

单位：元，%

	普通高中			中职			普通高校		
	北京市	天津市	河北省	北京市	天津市	河北省	北京市	天津市	河北省
2020 年	70295.87	31723.15	15324.98	68451.66	23422.83	15616.98	56861.41	20284.01	17092.83
2021 年	66433.98	32383.54	15137.88	70514.69	25777.60	15128.93	65957.02	17066.28	16630.07
增长	-5.49	2.08	-1.22	3.01	10.05	-3.13	16.00	-15.86	-2.71

资料来源：《教育部 国家统计局 财政部关于 2020 年全国教育经费执行情况统计公告》和《教育部 国家统计局 财政部关于 2021 年全国教育经费执行情况统计公告》。

表16 2020年和2021年京津冀三地幼儿园、小学、初中生均一般公共预算公用经费情况

单位：元，%

	幼儿园			小学			初中		
	北京市	天津市	河北省	北京市	天津市	河北省	北京市	天津市	河北省
2020年	12966.63	7022.25	1754.08	8472.08	3287.58	2353.99	15479.42	5321.83	3407.16
2021年	14642.97	7675.92	1769.92	9791.18	3841.15	2473.47	17717.04	6143.83	3531.63
增长	12.93	9.31	0.90	15.57	16.84	5.08	14.46	15.45	3.65

资料来源：《教育部 国家统计局 财政部关于2020年全国教育经费执行情况统计公告》和《教育部 国家统计局 财政部关于2021年全国教育经费执行情况统计公告》。

表17 2020年和2021年京津冀三地普通高中、中职、普通高校生均一般公共预算公用经费情况

单位：元，%

	普通高中			中职			普通高校		
	北京市	天津市	河北省	北京市	天津市	河北省	北京市	天津市	河北省
2020年	18998.99	5139.20	4157.60	22601.06	4237.02	4589.28	21588.60	8839.91	6207.31
2021年	19545.35	5370.37	4193.61	24652.56	5843.72	4794.90	29133.45	5545.08	6769.07
增长	2.88	4.50	0.87	9.08	37.92	4.48	34.95	-37.27	9.05

资料来源：《教育部 国家统计局 财政部关于2020年全国教育经费执行情况统计公告》和《教育部 国家统计局 财政部关于2021年全国教育经费执行情况统计公告》。

五 各级各类教育办学条件情况

（一）校舍建筑面积情况

从京津冀三地中小学生均校舍建筑面积情况看，义务教育阶段三地学校的生均校舍建筑面积差异不大，普通高中和中职教育阶段生均校舍建筑面积存在一定差异。2021 年北京市普通高中生均校舍建筑面积为 71.94 平方米，天津市为 29.92 平方米，河北省为 20.69 平方米，北京市是天津市的 2.40 倍，是河北省的 3.48 倍。2020 年和 2021 年京津冀三地各教育阶段生均校舍建筑面积的具体数据见表 18。

表 18 2020 年和 2021 年京津冀三地各教育阶段生均校舍建筑面积

单位：平方米

地区	年份	小学	初中	普通高中	中职
北京市	2020	7.71	13.88	71.92	50.65
	2021	7.68	13.58	71.94	46.13
天津市	2020	7.21	10.02	31.45	18.31
	2021	7.27	9.84	29.92	17.43
河北省	2020	6.85	11.22	20.16	13.55
	2021	7.17	11.78	20.69	13.40

注：中职学校校舍建筑面积是指学校产权校舍建筑面积，不包含非学校产权校舍建筑面积。

资料来源：根据 2020 年和 2021 年《中国教育统计年鉴》相关数据计算得出。

（二）图书量情况

从京津冀三地生均图书量情况看，义务教育阶段差异不大，普通高中和中职教育阶段差距较为明显。2021 年北京市普通高中生均图书量为 121. 53 册，天津市为 70. 63 册，河北省为 38. 85 册，北京市是天津市的 1. 72 倍，是河北省的 3. 13 倍。2021 年北京市中职学校生均图书量为 74. 00 册，天津市为 37. 99 册，河北省为 23. 06 册，北京市是天津市的 1. 95 倍，是河北省的 3. 21 倍。2020 年和 2021 年京津冀三地各教育阶段生均图书量情况见表 19。

表 19　2020 年和 2021 年京津冀三地各教育阶段生均图书量

单位：册

地区	年份	小学	初中	普通高中	中职
北京市	2020	28. 18	32. 35	131. 16	97. 21
	2021	26. 98	30. 78	121. 53	74. 00
天津市	2020	32. 44	35. 36	78. 77	42. 98
	2021	32. 21	33. 69	70. 63	37. 99
河北省	2020	27. 87	38. 92	36. 49	24. 25
	2021	28. 97	40. 02	38. 85	23. 06

注：中职学校图书量是指学校产权图书量，不包含非学校产权图书量。

资料来源：根据 2020 年和 2021 年《中国教育统计年鉴》相关数据计算得出。

（三）教学用仪器设备资产值情况

从 2020 年到 2021 年，北京市义务教育阶段、普通高中和中等职业学校的生均教学用仪器设备资产值都有所下降；河北省义务教育阶段、普通高中和中等职业学校的生均教学用仪器设备资产值都有所增长；天津市相应的资产值有增长，也有减少。

从京津冀三地各教育阶段生均教学用仪器设备资产值比较情况看，三地之间存在较大差异。2021 年北京市小学阶段生均教学用仪器设备资产值为 8168. 66 元，天津市为 2833. 50 元，河北省为 1303. 87 元；北京市是天津市的 2. 88 倍，是河北省的 6. 26 倍。2021 年北京市初中阶段生均教学用仪器设备资产值为 10713. 54 元，天津市为 3041.65 元，河北省为 1739.56 元；北京市是天津市的 3.52 倍，是河北省的 6.16 倍。

2020 年和 2021 年京津冀三地各教育阶段生均教学用仪器设备资产值数据情况见表 20。

表 20　2020 年和 2021 年京津冀三地各教育阶段生
均教学用仪器设备资产值

单位：元

地区	年份	小学	初中	普通高中	中职
北京市	2020	8413.68	11178.93	56394.28	72547.51
	2021	8168.66	10713.54	54913.11	70815.78
天津市	2020	2595.25	2925.55	8964.70	17160.34
	2021	2833.50	3041.65	8594.07	16822.06
河北省	2020	1168.73	1654.79	2664.10	4377.07
	2021	1303.87	1739.56	2782.28	4601.62

注：中职学校教学用仪器设备为学校产权教学用仪器设备，不包含非学校产权教学用仪器设备。

资料来源：根据 2020 年和 2021 年《中国教育统计年鉴》相关数据计算得出。

（四）教学用计算机人机比情况

京津冀三地小学、初中、普通高中和中职教育阶段教学用计算机人机比存在一定差距。2021 年北京市初中阶段平均 2.85 人有一台教学用计算机，天津市初中阶段平均 5.44 人有一台教学用计算机，河北省初中阶段平均 6.19 人有一台教学用计算机；2021 年北京市普通高中阶段平均 0.69 人有一台教学用计算机，天津市普通高中阶段平均 2.27 人有一台教学用计算机，河北省普通高中阶段平均 4.75 人有一台教学用计算机。2020 年和 2021 年京津冀三地各教育阶段教学用计算机人机比数据见表 21。

表 21　2020 年和 2021 年京津冀三地各教育阶段教学用计算机人机比

地区	年份	小学	初中	普通高中	中职
北京市	2020	4.55	3.23	0.76	0.96
	2021	3.98	2.85	0.69	0.90
天津市	2020	6.36	5.81	2.52	2.47
	2021	5.75	5.44	2.27	2.67
河北省	2020	7.65	7.21	5.75	4.94
	2021	6.59	6.19	4.75	4.19

资料来源：根据 2020 年和 2021 年《中国教育统计年鉴》相关数据计算得出。

六　总结

其一，2021 年京津冀三地经济快速发展，产业结构不断调整，一般公共预算收入、人均可支配收入和人均消费支出等都有一定的增长，为教育发展提供了良好保障。

其二，与 2020 年相比，2021 年京津冀三地幼儿园、小学招生数都有所减少，初中、普通高中、中职和普通高校教育规模相对稳定，有少许波动。京津冀三地各教育阶段专任教师学历情况、职称情况和办学条件等还存在一定差距。

其三，与 2020 年相比，2021 年京津冀三地公共财政教育支出金额都有所增长，其中天津市增长幅度最大。各教育阶段生均一般公共预算教育事业费变化情况不同，有的教育阶段增加了，有的教育阶段减少了。其中，北京市普通高校生均一般公共预算教育事业费增长明显，天津市普通高校生均一般公共预算教育事业费减少明显。除天津市普通高校生均一般公共预算公用经费出现了较大幅度下降外，三地其他教育阶段生均一般公共预算公用经费都有所增长，其中北京市普通高校和天津市中职教育生均一般公共预算公用经费增长最为突出。

总之，建设高质量教育体系，促进教育公平与质量提升，是我国新时期教育发展的新主题、新方向、新目标、新任务。京津冀三地经济发展水平、教育经费水平、师资队伍及学校办学条件等存在一定差距，区域教育协同发展面临新形势、新任务，需要着力构建稳定的教育协同发展体系，努力形成京津冀教育共建共享、互利共赢、协同发展新局面，不断加强京津冀高质量教育体系建设，促进京津冀教育公平与质量提升。

专 题 篇
Special Reports

B.3
京津冀义务教育阶段学位需求
预测（2021~2029）（第3版）

赵佳音*

摘　要：　本报告为对《京津冀义务教育阶段学位需求预测（2020~
2028）》（第2版）的更新与验证。相较于第2版，本次
预测扩展并更新了数据来源，使用两阶段假设义务教育阶
段学位预测模型，同样考虑了生育政策对学位需求的影
响，对2021~2029年京津冀地区及各省市分学段的学位
需求情况进行了预测。通过预测可知，2021~2029年京津
冀义务教育阶段学位需求整体变化趋势呈倒U形，与第2
版预测的学位需求趋势及到达峰值年份（2023年）一致。
从学位预测数值来看，相较于第2版，受天津市、河北省

---

* 赵佳音，博士，北京教育科学研究院教育发展研究中心副研究员，主要研究领域
为学位需求预测、教育财政、教育经济学。

2021 年小学招生数大幅增加影响，2021~2025 年京津冀义务教育阶段整体学位需求预测值有所上调；受 2021 年京津冀地区生育率大幅下降影响，2026 年及以后学位需求预测值较第 2 版有所下调。另外，本报告还对第 2 版的预测进行了 1 年期的误差分析，分析结果表明，对 2021 年京津冀义务教育阶段整体学位需求预测的误差率仅为 0.5%。

关键词： 义务教育　学位需求　京津冀

引　言

教育是公共服务的重要组成部分，尤其在京津冀协同发展的过程中，对京津冀地区整体及其各省市的学位需求进行持续更新的预测，有助于教育部门和相关机构提前进行教育资源的规划和布局调整。目前，对京津冀地区学位需求进行持续稳定预测的研究还相对较少。本报告为对京津冀地区学位需求预测的第 3 版，预测年份为 2021~2029 年。

2021 年我国人口总和生育率继续下降至 1.15[①]，与 2020 年的 1.3 相比又有所下降，仍处于 1.5 的超低总和生育率范围，且与 2.1 的人口更替水平相距甚远。京津冀地区整体及其三省市的粗生育率也处于急速下降期，由于粗生育率下降的速度远超 2020 年水平，因此需要对 2026 年后的学位需求预测进行相应的调整。

由于学位需求预测对于社会的各个方面都具有重要意义，因此也

---

① 《我国人口走势及在全球格局中的变化》，国家信息中心网，2023 年 1 月 12 日，http：//www.sic.gov.cn/sic/81/455/0112/11770_pc.html。

吸引了政府、教育机构、企业、研究机构和普通公众的广泛关注。政府官员和政策制定者需要根据学位需求预测来制定教育、卫生、社会保障和基础设施等方面的公共政策。教育机构需要依据学位需求预测，规划教职员工、教室等教育资源。商业领域的专业人士需要了解学位需求预测，以确定未来的市场机会和消费者需求。家庭关注学位需求预测，希望可以提前知道自己孩子的入学及升学压力。社会科学家、人口学家和教育研究人员也会对学位需求预测开展研究，以了解相关因素之间如何相互作用。

一 文献综述

美国教育部每年都会发布 8 年期的教育统计预测报告，截至 2020 年已有 47 版。[①] 这些预测不仅包括基础教育阶段的学生注册情况、教师人数、财政支出等信息，还包括高等教育阶段的学位信息。该报告使用不同的数据和预测模型来分别预测不同教育阶段和教育类型的情况，但在预测过程中不考虑政策变化的影响。在小学和初中教育阶段，该报告使用了多种不同的预测模型，包括国家小学及初中学位预测模型、州内公立小学及初中学位预测模型，以及国家公立小学及初中学位（按种族划分）预测模型。此外，该报告还对预测误差进行了分析。其中，第 47 版报告中关于公立 K12 教育的学位数预测误差绝对值 1 年为 0.3%、2 年为 0.5%、5 年为 1.2%、10 年为 2.6%。这些报告的发布旨在提供教育相关数据和趋势信息，以帮助政府、教育机构和研究者更好地了解教育系统的发展情况和需求。

全球范围，Kwambai 对卡贾多县（Kajiado）（1999～2009 年年均

---

① Hussar, W. J., Bailey, T. M., *Projections of Education Statistics to 2028* (Washington, DC: National Center for Education Statistics, 2020).

人口增长率达到 5.5%）2010~2030 年的学龄人口进行预测，并且对同期所需的师资、教室和卫生间数量进行了预测。[①] 其中，对各教育阶段的年龄分组为学前教育阶段 3~5 岁、小学教育阶段 6~13 岁、中学教育阶段 14~17 岁。2010~2030 年，学前教育阶段、小学教育阶段和中学教育阶段增幅分别达到 41.3%、49.3% 和 59.4%，再根据肯尼亚教育部设定的毛入学率，对学位需求进行预测。

"全面二孩"政策实施后，国内学者对全国或分省区市不同教育阶段的学龄人口或学位需求进行了广泛的探讨。在义务教育阶段，李玲和杨顺光利用第六次全国人口普查数据和中国人口预测软件（CPPS），对 2016~2035 年的义务教育学生规模进行了预测。[②] 乔锦忠等采用 Leslie 矩阵的队列要素法和实地访谈法，构建了人口预测模型，用于预测四川省学龄人口、师资和经费投入，结果显示，2020~2035 年四川省义务教育阶段学生数量呈现先增后减的趋势。[③] 周志等对天津市义务教育阶段学龄人口规模进行了预测，其中包括户籍学龄人口和非户籍学龄人口。他们采用了不同的预测方法，如推算法、GM（1，1）模型和多元线性回归模型。[④] 黄文怡使用第六次全国人口普查数据和 CPPS 人口预测软件，预测了惠州市义务教育阶段 2021~2035 年的学龄人口数量。[⑤] 赵佳音使用两阶段假设义务教育阶

① Kwambai, E. J., "Projection of School-Age Population and Implications on Staffing and Education Facilities in Kajiado County, 2010-2030," University of Nairobi.

② 李玲、杨顺光:《"全面二孩"政策与义务教育战略规划——基于未来 20 年义务教育学龄人口的预测》,《教育研究》2016 年第 7 期, 第 22~31 页。

③ 乔锦忠、沈敬轩、李汉东、钟秉林:《2020-2035 年中国人口大省义务教育阶段资源配置研究——以四川省为例》,《教育经济评论》2020 年第 5 期, 第 24~52 页。

④ 周志、田楠、赵宇红:《天津市义务教育学龄人口规模预测与分析——基于多因素灰色预测模型和人口推算法》,《西南师范大学学报》(自然科学版) 2017 年第 3 期, 第 49~55 页。

⑤ 黄文怡:《"全面二孩"政策对惠州市基础教育资源配置的影响分析》, 硕士学位论文, 华中师范大学, 2019。

段学位预测模型，对北京市 2021～2035 年义务教育阶段学位需求进行了预测，并进行了误差分析。①

二 京津冀地区人口及教育经济情况分析

京津冀都市圈又被称为"北方最大的最有活力的都市圈"，根据 2021 年的数据，该地区三省市（北京、天津、河北）的 GDP 为 9.6 万亿元，占全国的 8.5%，与 2020 年持平；常住人口数达到 1.1 亿人，占全国总人口的 7.8%，与 2020 年持平；此外，义务教育阶段在校生总数为 1241.3 万人，较 2020 年的 1235.3 万人增加了 6 万人（见表 1）。

表 1 2019～2021 年京津冀及全国人口及教育经济情况分析

指标	年份	北京市	天津市	河北省	京津冀	全国	京津冀占全国比例（%）
粗出生率（‰）	2019	8.1	6.7	10.8	9.8	10.4	—
	2020	NA	NA	NA	NA	8.5	—
	2021	6.4	5.3	7.2	6.8	7.5	—
常住人口数（万人）	2019	2190.0	1385.0	7447.0	11022.0	141008.0	7.8
	2020	2189.0	1387.0	7464.0	11040.0	141212.0	7.8
	2021	2189.0	1373.0	7448.0	11010.0	141260.0	7.8
小学在校生数（万人）	2019	94.2	70.2	679.1	843.5	10561.2	8.0
	2020	99.5	73.0	695.9	868.4	10725.4	8.1
	2021	103.7	75.2	684.4	863.3	10779.9	8.0
初中在校生数（万人）	2019	30.9	30.3	297.3	358.5	4827.1	7.4
	2020	33.1	32.2	301.6	366.9	4652.6	7.9
	2021	35.0	34.1	308.9	378.0	5018.4	7.5

---

① 赵佳音：《"三孩"政策背景下北京市义务教育阶段学位需求预测》，《教育经济评论》2022 年第 3 期，第 113～128 页。

续表

指标	年份	北京市	天津市	河北省	京津冀	全国	京津冀占全国比例（%）
地区 GDP（亿元）	2019	35445.1	14055.5	34978.6	84479.2	986515.0	8.6
	2020	36102.6	14083.7	36206.9	86393.2	1013567.0	8.5
	2021	40269.6	15695.0	40391.3	96355.9	1133239.8	8.5

注：NA 指数据未公布，—为此项没有实际意义。

资料来源：2020~2022 年《中国统计年鉴》。

（一）人口及生育情况分析

京津冀地区的常住人口数在一定程度上保持稳定，甚至有轻微下降趋势。分区域来说：①北京市的常住人口数在 2019~2021 年略微下降，从 2190 万人减少到 2189 万人；②天津市的常住人口数也有所下降，尤其在 2020~2021 年，从 1387 万人减少到 1373 万人；③河北省的常住人口数在近两年也出现小幅下降，从 7464 万人降至 7448 万人，但相对于河北省的人口基数，变化幅度较小。

人口粗出生率也显示出下降趋势，表明生育率在迅速降低。京津冀地区整体粗出生率从 2019 年的 9.8‰下降到 2021 年的 6.8‰。具体各地情况如下：①天津市的粗出生率是三地中最低的，到 2021 年仅为 5.3‰；②北京市的粗出生率从 2019 年的 8.1‰急速下降至 2021 年的 6.4‰；③河北省虽然在 2019 年仍能保持在 10‰以上，但下降速度最快，从 2019 年的 10.8‰下降至 2021 年的 7.2‰。

需要注意的是，2021 年粗生育率的急速下降可能需要进一步观察，以确定是否会持续下降。此外，2020 年的第七次全国人口普查数据已经公布，分省份的数据也在逐步公布中。

（二）义务教育在校生情况分析

京津冀地区的义务教育阶段在校生数有所增加，但占全国比例已经进入稳定期。具体数据表明，在小学教育阶段，从2019年到2021年，京津冀地区的占比一直维持在8.0%左右；而在初中教育阶段，2019年时占比为7.4%，在2020年上升到7.9%，但在2021年又下降至7.5%。

从增长数值来看，各地区的小学和初中教育阶段在2019~2021年都经历了不同程度的增长。北京市小学教育阶段在校生数从2019年的94.2万人增长至2021年的103.7万人，增长幅度为10.1%。同时，初中教育阶段在校生数从30.9万人增长至35.0万人，增长幅度为13.3%。天津市的小学教育阶段在校生数从2019年的70.2万人增长至2021年的75.2万人，增长幅度为7.1%。与此同时，初中教育阶段在校生数从30.3万人增长至34.1万人，增长幅度为12.5%。河北省的小学教育阶段在校生数从2019年的679.1万人增长至2021年的684.4万人，增长幅度较小，为0.8%。初中教育阶段在校生数从297.3万人增长至308.9万人，增长幅度为3.9%。

这些数据反映了不同地区小学和初中教育阶段的在校生数变化情况。北京市的增长幅度最大，天津市次之，而河北省的增长幅度相对较小。

（三）生育政策对出生人口及学位需求的影响分析

"全面二孩"政策和"三孩"政策是政府为了应对人口老龄化和人口结构失衡问题而实施的生育政策。这两项政策都对出生人口产生了影响，但影响程度和方式有所不同。2016年，我国放开了"独生子女"政策，允许夫妻生育两个孩子（"全面二孩"政策）。这一政策为更多夫妻提供了生育的自由。

"全面二孩"政策的实施使一段时间内的生育率提升，出生人口数量有所上升。然而，增长表现为生育堆积效应的短暂释放，一些家庭仍然面临生育的经济和社会压力，因此并没有产生持续性的出生人口增长。

2021年，政府宣布实施"三孩"政策，允许夫妻生育三个孩子，以应对人口老龄化和出生人口减少的问题。但通过对第七次全国人口普查的分孩次生育率进行分析，发现"三孩"政策的效果主要显现在微观层面，无法真正扭转生育率持续下降的趋势。

三　京津冀地区学位需求预测

学位需求预测的方法源于人口预测，人口预测是一个涉及统计学、社会学、经济学等多个领域的复杂问题。人口预测常用方法有以下几个。①基于历史数据的趋势分析法。该方法使用过去的人口数据来识别人口增长或下降的趋势，并基于这些趋势来预测未来的人口。这可以通过简单的线性回归、指数平滑或时间序列分析来实现。②人口金字塔分析法。人口金字塔是一种图形表示，显示了不同年龄组的人口数量。通过分析人口金字塔的形状和变化，可以预测未来的人口趋势。可以找到工具和软件来创建和分析人口金字塔。③基于生育率、死亡率和迁移率的数学模型分析法。这些模型考虑了人口的出生、死亡和迁移，通常使用人口平衡方程来描述人口变化。④基于机器学习的方法。机器学习技术可以用于分析大规模的人口数据，识别复杂的模式和趋势。例如，神经网络算法可以用于建立预测模型，以预测未来的人口变化。⑤基于地理信息系统（GIS）的方法。GIS技术可以与人口数据结合使用，以更精确地预测特定地区的人口变化。GIS可以用于可视化与分析人口分布、迁移和空间模式。⑥大数据分析法。利用社交媒体、移动应用、传感器等大规模数据源，可以获得实时的人口信息，帮助预测未来的人口变化。

（一）两阶段假设义务教育阶段学位预测模型

根据学位需求预测的独特性以及对稳定性的要求，本报告以Leslie 矩阵为基础，对义务教育学位系统的内在逻辑进行研究，并对其数学公式和矩阵形式进行修改。将义务教育阶段在校生视为一个完整的系统，并基于学位影响要素——招生数、升级或升学生数、净转入学生数（"迁移"），建立义务教育系统的平衡方程：

$$S_{(t+1)} = A \times S_{(t)} + R_{(t)} + G_{(t)}$$

其中，$S_{(t+1)}$ 为 $t+1$ 年义务教育阶段的在校生数，$S_{(t)}$ 为 t 年义务教育阶段的在校生数，A 为学生的升级率及升学率，$R_{(t)}$ 为 t 年的招生数，$G_{(t)}$ 为 t 年净转入学生数。其内在逻辑为，下一年的在校生数 = 当年留存的在校生数 + 当年招生数 + 当年的净转入学生数。

（二）预测假设

学位需求预测与人口预测相似，都是回答"如果…，那么…"的问题，因此假设不同，其结论也不同。本报告在预测过程中尽量使用已经公开的统计信息代替人口学的参数假设。

1.招生数假设

义务教育阶段招生数滞后于出生人口数，本报告将招生数的假设分为两个阶段：第一阶段为 2021~2026 年（有人口出生数统计数据与招生数相对应）；第二阶段为 2027~2029 年（无人口出生数统计数据与招生数相对应）。

第一阶段（2021~2026年），根据常住出生人口数与对应年份招生数的回归系数和常数项数值，计算出2021~2026年的招生数。

第二阶段（2027~2029年），使用人口预测中的Leslie矩阵模型，对2021~2023年的人口出生数进行预测，然后使用常住出生人口数与对应年份招生数拟合出2027~2029年的招生数。

2. 升级率、升学率假设

政策的调整会对升级率、升学率产生一定的影响，但相较于其他教育阶段，义务教育阶段升级率、升学率政策比较稳定。本报告使用北京市、天津市、河北省2019~2021学年3年升学率、升级率的历史数据均值进行预测。

这个模型的优点在于，它能够使用教育事业统计相关数据和已有的人口出生数据来预测未来5年内的义务教育阶段学位需求，而无须等待每5年一次的1%人口抽样数据和每10年一次的人口普查数据。这种数据的可获得性较高，而且由于基于已有的数据，模型的可验证性也很高。

（三）预测结果

2021~2029年，京津冀地区的义务教育阶段学位需求呈现倒U形的变化趋势。总体上，学位需求数量在2021~2024年呈缓慢上升趋势，没有出现大幅波动，但在2025年后将开始急剧下降。京津冀地区整体的学位需求压力主要集中在"十四五"时期，而到了"十五五"时期，学位需求压力迅速减小。具体到各个省市以及教育阶段变化趋势和峰值年份又有所不同。

1. 北京市

2021~2029年，北京市义务教育阶段学位需求总体上呈现先升后降的趋势。学位需求将在 2025 年达到峰值，总数为 153.0 万人，比 2021 年的 138.7 万人增加 14.3 万人。小学教育阶段在 2023 年达到峰值，为 113.2 万人，之后将逐步下降至 2029 年的 95.6 万人。而初中教育阶段的学位需求将逐步上升，到 2028 年达到 46.1 万人。

2. 天津市

2021~2029 年，天津市义务教育阶段学位需求总体上呈现先升后降的趋势，将在 2025 年达到峰值。小学教育阶段的学位需求先上升后下降，从 2021 年的 75.2 万人降至 2029 年的 64.7 万人，减少 10.5 万人。初中教育阶段的学位需求则呈现先上升后稳定的趋势，将在 2026 年达到峰值，为 43.2 万人，比 2021 年增加 9.1 万人。

3. 河北省

2021~2029 年，河北省义务教育阶段学位需求总体上呈现先上升后下降的趋势，将在 2025 年后大幅下降，波峰与波谷之间相差 217.7 万人。小学教育阶段的学位需求总体呈下降趋势，从 2021 年的 684.4 万人降至 2029 年的 476.8 万人，减少 207.6 万人。初中教育阶段的学位需求呈现先上升后下降的趋势，将在 2026 年达到峰值，为 357.2 万人，波峰与波谷相差 48.3 万人。

不同省市的情况各不相同。北京市在义务教育阶段将面临较大的学位需求压力，初中阶段的学位需求压力更大。天津市的义务教育阶段学位需求呈现先升后降的趋势，初中教育阶段在"十五五"时期仍然存在较大的学位需求压力。河北省的义务教育阶段学位需求将在 2025 年后有较大的降幅，初中教育阶段学位需求在"十四五"时期也有一定的压力。

2021~2029 年京津冀地区义务教育阶段学位需求预测见表 2。

表2　2021~2029年京津冀地区义务教育阶段学位需求预测

单位：万人

地区	教育阶段	2021年	2022年	2023年	2024年	2025年	2026年	2027年	2028年	2029年
北京市	小学	103.7	109.4	113.2	112.7	112.0	107.1	102.2	98.9	95.6
	初中	35.0	34.7	35.2	38.0	41.0	44.4	44.5	46.1	45.9
	义务教育	138.7	144.1	148.4	150.7	153.0	151.5	146.7	145.0	141.5
天津市	小学	75.2	76.9	78.5	77.1	75.8	72.7	69.2	67.2	64.7
	初中	34.1	36.1	37.5	39.9	41.3	43.2	42.8	43.3	43.1
	义务教育	109.3	113.0	116.0	117.0	117.1	115.9	112	110.5	107.8
河北省	小学	684.4	684.3	689.0	669.2	647.9	605.0	571.1	529.2	476.8
	初中	308.9	320.0	334.0	346.5	354.5	357.2	334.7	326.5	328.5
	义务教育	993.3	1004.2	1023.0	1015.7	1002.4	962.2	905.8	855.7	805.3
京津冀	小学	863.3	870.6	880.7	859.0	835.7	784.8	742.5	695.3	637.1
	初中	378.0	390.8	406.7	424.4	436.8	444.4	422.0	415.9	417.5
	义务教育	1241.3	1261.4	1287.4	1283.4	1272.5	1229.6	1164.5	1111.2	1054.6

（四）误差分析

使用国家统计局公布的2021年北京市、天津市、河北省的小学在校生数、初中在校生数，对第2版的预测结果进行1年期的误差分析。从误差分析结果来看，京津冀地区义务教育阶段整体的误差率未超过0.5%，小学教育阶段与初中教育阶段的误差率均未超过0.8%。

分地区进行误差分析，北京市义务教育阶段整体的误差率不超过0.6%，分教育阶段误差率不超过2.0%；天津市义务教育阶段整体误差率不超过4.8%，分教育阶段误差率不超过7.0%；河北省义务教育阶段整体误差率不超过 0.1%，分教育阶段误差率不超过 0.6%（见表3）。预测误差结果符合统计规律，人口规模越小，误差率越高。另外，利用统计数据分析发现，天津小学教育阶段误差来源为省外生源流入。

表 3　误差分析

单位：%

地区	小学	初中	义务教育
北京市	0.3	2.0	0.6
天津市	7.0	0.3	4.8
河北省	0.2	0.6	0.1
京津冀地区	0.8	0.3	0.5

注：表中数据均为取绝对值后的数据。

四　结论与政策建议

本报告为对京津冀地区义务教育阶段进行的第三次学位需求预测（第3版），与第二次预测（第2版）相比，首先，延续了第2版使用的两阶段假设义务教育阶段学位预测模型；其次，对京津冀地区2021年急剧下降的粗生育率对学位需求的影响进行了调整；最后，在误差分析环节使用真实的教育事业统计数据对第2版1年期的预测结论进行了验证。

（一）结论

在京津冀地区，2022年是"全面二孩"政策首次实施对义务教育阶段产生影响的第一年。从三省市的生育情况来看，2027年之后，"全面二孩"政策对京津冀义务教育阶段的影响将快速减弱，其后对义务教育的影响主要集中在初中教育阶段。相比"全面二孩"政策，

"三孩"政策对整个义务教育的影响较小，不会导致出生人口的大幅增加。在"十四五"时期，京津冀地区义务教育阶段将承受较大学位需求压力，北京市、天津市、河北省的压力均体现在小学阶段。"十五五"期间，由于生育率的迅速下降，义务教育阶段学位需求将大幅降低，但初中阶段相对承压较大。

（二）政策建议

1. 基于"改扩建为主，适度新建"的原则，维持各级各类教育资源在适度规模和弹性发展之间的平衡

在京津冀地区，政府需要根据生育政策的实施情况来规划教育资源，确保足够的学位供应。此外，政策也需要关注教育质量和公平性，以满足不同家庭的需求。在"十四五"时期，京津冀地区特别是北京市面临较大的学位需求压力，应及时进行现有学校的改建和扩建，以适应学位需求的变化。然而，2027年后，京津冀地区将迎来义务教育阶段学位需求的急剧下降，但是，在这个时期不应盲目关闭学校，而应将部分现有教室改造为功能性教室，并进行小班化改进。

2. 加强政策设计和配套支持措施

实施生育政策需要全面考虑多个因素，包括人口结构、受教育程度、就业情况、城市化水平、经济水平等，这些因素会影响人们的生育意愿。政策制定者需要综合分析这些因素，以制定更加符合实际情况的政策。随着生育年龄的推迟，需要考虑晚婚晚育的现实情况。政府可以通过提供更多的支持措施来鼓励年轻夫妇早生育，例如提供育婴假、托儿服务、教育补贴等。可以采取措施降低生育成本，包括提供免费或廉价的医疗保健、儿童托管服务等，以减轻家庭的负担，从而鼓励生育。婚育文化重塑，政府和社会可以共同努力，推动婚姻和育儿文化的积极变革，扭转晚婚晚育的情况。

总之，制定生育政策是一项复杂的任务，需要考虑多个因素。政策制定者需要密切关注政策实施的效果，并在需要时进行调整，以确保政策能够达到预期的目标，同时满足家庭的需求和社会的发展要求。

参考文献

宋健：《实施"三孩+配套"政策 补足民生短板推动社会发展》，《人口与健康》2021年第8期。

赵佳音：《京津冀义务教育阶段学位需求预测（2020~2028）》，载方中雄、冯洪荣主编《京津冀教育发展报告（2021~2022）——"十三五"回顾与"十四五"展望》，社会科学文献出版社，2022。

B.4
京津冀三地科研成果转化
现状分析与对策建议[*]

王 铭 王名扬[**]

摘 要： 科研成果转化是推动经济高质量发展和中国式现代化建设
的关键，通过相关数据分析发现，北京市高校和科研院所
科研成果转化金额大、全国领先，但落地北京项目占比有
待提升、"溢出"效应明显；虽然天津成果转化合同数量
与金额大于河北省，但是"外流"明显；河北"承接"
外省市超 1 亿元大项目等各类项目的能力明显高于天津、
北京。浙江、广东、上海等经济强省强市同样十分注重高
校科研成果转化，并探索出一些好的模式可供借鉴。针对
发现的问题，提出错位竞争、多级发力、精细管理、评价
导向、协同治理等对策建议。

关键词： 科研成果转化 高校 科研院所 京津冀

---

* 本报告系北京市教育科学"十四五"规划 2023 年度优先关注课题"市属高校分
类发展动力机制研究"（BCEA23003）的阶段性成果。
** 王铭，管理学博士，北京教育科学研究院高等教育科学研究所副研究员，主要研
究领域为高等教育评估监测与改革发展；王名扬，管理学博士，北京外国语大学
国际教育学院副院长、副教授，入选北京外国语大学卓越人才支持计划，主要研
究领域为高等教育质量保障。

党的二十大开启中国式现代化新征程，经济的高质量发展是首要任务并且依托科技自立自强来实现，教育、科技、人才是全面建设社会主义现代化国家的基础性、战略性支撑。科技是第一生产力、人才是第一资源、创新是第一动力，要深入实施科教兴国战略、人才强国战略、创新驱动发展战略，开辟发展新领域新赛道，不断塑造发展新动能新优势。教育、科技和创新是经济社会发展的核心驱动力，三者的有机结合恰恰与科研成果转化高度契合。

党的十八大以来，党和国家愈加重视科技创新、成果转化和创新驱动发展，"科技创新中心"是以习近平同志为核心的党中央赋予北京的"四个中心"城市战略定位之一。"中国经济第三增长极"是指，继20世纪八九十年代我国开发深圳、浦东，珠三角、长三角迅速跃升为中国经济最活跃的"两极"之后，以天津市滨海新区为首、与北京市和河北省共同组成的京津冀地区，延续中国沿海经济开发开放成功走出的一条"极点牵引"路径。

科学研究是创新的重要来源，目前，我国高等学校和科研院所是科技创新、成果转化的重要策源地，是北京科创中心建设、中国经济第三增长极、京津冀协同发展的重要支撑力量。北京市、天津市、河北省高度重视科研成果转化，结合自身实际情况，实施了一系列重要举措，成果转化取得较大成效。三地呈现不同发展特色和模式，同时也各自存在问题。科研成果转化分为转让（许可、作价投资）和技术开发（咨询、服务）两种方式，为进一步提升京津冀三地科技创新和成果转化水平，本报告使用《中国科技成果转化年度报告 2021（高等院校与科研院所篇）》2020 年数据①，分析和比较了北京市、天津市、河北省的科研成果转化现状，总结国内其他省市和高校进行

---

① 报告的文字部分仅提供排名前 3 位省市的具体数值，其他省市只显示区间，附录中的数据比较详尽。本报告绝大部分数据为 2020 年的，个别其他年份（2019 年）的数据已标识出。

的有益探索，为三地更好地增强科研成果转化能力、促进经济社会发展提供启示和借鉴。

一 北京市科研成果转化情况

总体来看，北京市科研成果转化金额大、全国领先，科研院所与高校各占 50%，其中央属高校多于市属高校。科研成果辐射全国，促进本地经济发展能力有待提升，转化上亿元和落地北京的大项目少。北京市属高校科研成果转化水平亟待提高，奖励明显少于央属高校，全国百大榜上市属高校少且排名不高，地方财政资助与科研成果转化之间差距较大。

（一）北京市高校和科研院所总体情况

1. 成果转化金额大、全国领先

北京市高校和科研院所（以下简称高校院所）以转让和技术开发方式转化科研成果合同金额共 264 亿元，排名全国第 1；合同共 4.5 万项，排名全国第 2，少于第 1 名广东的 13 万项。北京高校院所转让方式的合同金额为 43 亿元，排名全国第 2，少于第 1 名上海的 47 亿元；技术开发合同 4 万项，排名全国第 2，合同金额达 221 亿元，排名全国第 1。

2. 服务本地企业，促进本地经济发展能力待提升

北京高校院所转让本地金额为 16 亿元，排名全国第 2，低于第 1 名上海的 27 亿元，转让本地金额占全部转让金额的 37%，排名全国第 26；转让输出外地金额为 27 亿元，排名全国第 1，转让输出外地金额占全部转让金额的 63%，排名全国第 6。北京高校院所的科研成果转让只有不到四成落地本市。

全国高校院所科研成果转化落地到北京的合同金额为 20 亿元，

排名全国第 4，最高为上海的 30 亿元；承接其他省份科研成果合同535 项，排名全国第 3，少于第 1 名广东的 1092 项。其中，全国高校科研成果转化落地到北京的合同金额为 13 亿元，排名全国第 3，最高的上海达 15 亿元。

（二）北京市高校总体情况

1.北京高校整体领先，市属高校亟待提高

北京高校以转让和技术开发方式转化科研成果达成合同 2.2 万项，全国排名第 2，少于第 1 名江苏的 3 万项；合同金额共 133 亿元，排名全国第 1。北京高校转让合同金额 16 亿元，排名全国第 2，少于第 1 名上海的 26 亿元；技术开发合同金额 117 亿元，排名全国第 1。

其中，地方高校以转让方式转化的合同金额，北京约 0.75 亿元，属于全国中下水平，远低于第 1 名上海的 8.6 亿元。以技术开发方式签订合同数量，北京市属高校约 4000 项，属于全国中等水平，远低于第 1 名江苏的 14 万项；合同金额约 7.5 亿元，处全国中上游，低于第 1 名江苏的 43 亿元。

与此同时，北京高校转让本地金额为 10 亿元，居全国第 2，低于第 1 名上海的 14 亿元，转让本地金额占全部转让金额的 63%，转让输出外地金额占全部金额的 37%，可见北京高校近四成转让输出外地、辐射全国，其中以央属高校为主。

2.财政资助产出成果实现转让的数额较少

辖区内高校院所受全国财政资助产出成果转让金额排名居前 3 位的是上海（21.8 亿元）、北京（14.3 亿元）、四川（6.3 亿元），受中央财政资助产出成果转让金额排名居前 3 位的是上海（21.6 亿元）、北京（14.0 亿元）、四川（5.9 亿元），北京高校院所受地方财政资助产出成果的转让金额仅为 0.3 亿元。

北京高校受全国财政资助产出成果转让金额为 7.2 亿元，排名全

国第1，其中受中央财政资助产出成果转让金额为7亿元，排名全国第1；受地方财政资助产出成果的转让金额为0.2亿元。

北京市属高校受全国财政资助产出成果转让金额约为250万元，其中受中央财政资助产出成果转让金额约为50万元，处全国地方高校的下游水平；受地方财政资助产出成果的转让金额约为200万元。

3. 市属高校奖励力度明显低于央属高校

北京高校院所转让成果获现金和股权收入25亿元，排名全国第1；个人获现金和股权收入13亿元，排名全国第1；奖励研发与转化主要贡献人员金额13亿元，排名全国第1；奖励7744人次，排名全国第2，少于第1名江苏省的10589人次。

北京高校转让成果获现金和股权收入14亿元，排名全国第1；个人获现金和股权收入8.7亿元，排名全国第1；奖励研发与转化主要贡献人员金额8.7亿元，排名全国第1；奖励2656人次，排名全国第3，少于第1名江苏省的6426人次。

北京地方高校院所转让成果获现金和股权收入金额为0.5亿~1亿元，个人获现金和股权收入0.4亿~0.5亿元，均处于全国中游水平。北京市属高校转让成果获现金和股权收入金额为0.1亿~0.3亿元，个人获现金和股权收入0.05亿~0.1亿元，均处于全国中下游水平。由此可见，北京较高的成果转化收益基本来自央属高校院所。

4. 上亿元的大项目少，全国百大榜上市属高校少且排名不高

转化上亿元大项目，北京产生少、落地少。全国高校院所上亿元大项目落地北京3项，排名全国第4，最高为上海的8项。全国高校上亿元大项目落地北京2项，排名全国第3，最高为上海的6项。北京高校产生超1亿元转化项目仅1项，来自清华大学，而上海市有9项，其中上海科技大学获得4项。

　　众所周知，北京高等教育资源丰富，其中尤以清华、北大等知名央属高校见著。毫无疑问，在全国科研成果转化百大排名榜上，北京央属高校名列前茅。但是，一方面，从管理学"木桶原理"的角度看，短板决定整体水平，做比较分析时要整体把握、关注短板；另一方面，北京市属高校在提高首都高等教育毛入学率上起关键作用，要求市属高校更好发展。因此，在表1的全国高校百大榜单排名上，比较了北京、上海、浙江、江苏这四地的地方高校。从中可以发现，北京市属高校"榜上有名"，但与其他三地相比，只有"北京工业大学"一所上榜，且排名较低。这一方面展示了北工大市属高校龙头的实力和水准，另一方面也说明与其他地方相比北京市属高校科研成果转化能力有待提高。

表1　北京、上海、浙江、江苏地方高校百大榜单排名

序号	全国百大榜单	北京	上海	浙江	江苏
1	高校院所转让和技术开发合同金额	—	上海科技大学（35）、上海大学（62）、	浙江工业大学（57）	南京工业大学（61）、扬州大学（89）
2	高校院所转让和技术开发到账金额	北京工业大学（99）	—	浙江工业大学（64）、杭州电子科技大学（91）、浙江理工大学（100）	南京工业大学（54）
3	高校院所转让合同金额	—	上海科技大学（6）、上海大学（35）、上海应用技术大学（99）	—	南京工业大学（95）
4	高校院所技术开发合同金额	北京工业大学（93）	上海大学（70）	浙江工业大学（45）	江苏大学（14）、南京工业大学（56）、扬州大学（76）

序号	全国百大榜单	北京	上海	浙江	江苏
5	高校院所技术开发到账金额	北京工业大学(93)	—	浙江工业大学(62)、杭州电子科技大学(86)	南京工业大学(54)
6	高校转让和技术开发合同金额	北京工业大学(74)	上海科技大学(29)、上海大学(49)、上海应用技术大学(85)	浙江工业大学(47)、浙江理工大学(82)、杭州电子科技大学(94)	南京工业大学(48)、扬州大学(62)、南京信息工程大学(78)、江苏科技大学(97)

注：括号内为排名。

资料来源：中国科技评估与成果管理研究会、国家科技评估中心、中国科学技术信息研究所编著《中国科技成果转化年度报告2021（高等院校与科研院所篇）》，科学技术文献出版社，2022，第395~459页。

二 天津市科研成果转化情况

天津高校院所转让合同金额2亿~5亿元，以转让方式转化至单位所在地1亿~5亿元。高校转化至天津的合同金额0.5亿~1亿元。辖区内高校以转让方式转化的合同金额2亿~3亿元，地方高校以转让方式转化的合同金额2亿~3亿元。

辖区内高校签订的技术开发等方式合同总项数5000~8000项，合同金额10亿~20亿元。地方所属高校签订的技术开发等方式合同总项数3000~5000项，合同金额5亿~10亿元。

地方高校院所受全国财政资助项目成果以转让方式转化的合同金额排名前3位的分别是天津（1.8亿元）、广东（1.3亿元）、上海（1.1亿元）。地方所属高校受全国财政资助项目成果以转让方式转化的合同金额排名居前3位的分别是天津市（1.8亿元）、广东省（1.0

亿元)、江西省（0.6亿元）。地方所属高校受中央财政资助项目成果以转让方式转化的合同金额排名居前3位的分别是天津市（1.8亿元）、江西省（0.6亿元）、广东省（0.5亿元）。

辖区内高校以转让方式转化科研成果获得现金和股权收入奖励个人金额5000~10000元。地方所属高校院所转让成果获现金和股权收入金额为0.5亿~1亿元，个人获现金和股权收入0.5亿~0.8亿元，均处于全国上游水平。超1亿元项目天津高校产生1项，其他高校院所落地天津无。

三　河北省科研成果转化情况

河北高校院所以转让方式转化至单位所在地5亿~10亿元，地方高校院所转让合同金额0.5亿~1亿元。高校转化至河北的合同金额3亿~5亿元。辖区高校以转让方式转化的合同金额0.5亿~1亿元，地方高校以转让方式转化的合同金额0.5亿~1亿元。

辖区内高校签订的技术开发等方式合同总项数8000~10000项，合同金额5亿~10亿元。地方所属高校签订的技术开发等方式合同金额5亿~10亿元。

2020年地方所属高校签订的技术开发等方式合同总项数排名前3位的分别是江苏省（14396项）、浙江省（12615项）、河北省（9374项）。河北省承接其他地方高校院所产出科技成果的能力明显增强，较好地补齐了自身高校院所科研能力有待提高的短板。

地方高校院所受全国财政资助项目成果以转让方式转化的合同金额0.2亿~0.3亿元。地方所属高校受全国财政资助项目成果以转让方式转化的合同金额0.05亿~0.1亿元。受中央财政资助成果以转让方式转化的合同金额为0.01亿~0.05亿元，处全国下游水平；受地方财政资助成果以转让方式转化的合同金额为0.04亿~0.05亿元。

河北地方所属高校院所转让成果获现金和股权收入金额为 0.3 亿~0.5 亿元,个人获现金和股权收入 0.3 亿~0.5 亿元,均处于全国中游水平。辖区内高校以转让方式转化科技成果获得现金和股权收入奖励个人金额 1000~5000 元。超 1 亿元项目河北高校无,但是其他高校院所落地河北省 3 项。

四　京津冀三地科研成果转化比较

表 2 反映了 2019 年和 2020 年京津冀三地辖区内高校院所产出成果输出外省及承接情况,从中可以发现,北京科研成果转化的高校院所数量多于河北、天津;辖区内成果合同金额,2020 年北京约是天津的 8.5 倍,天津约是河北的 8.5 倍;天津、北京输出外省合同金额占全部合同金额比重较高,与 2019 年相比,2020 年天津、河北输出外省合同金额占比有所提高,北京则略有下降;2020 年河北承接外省成果合同金额大于北京、天津,是天津的近 9 倍。

表 2　2019 年和 2020 年京津冀三地辖区内高校院所产出成果输出外省及承接情况

省市	单位数量（家）		辖区内成果合同金额（万元）		输出外省合同金额占比（%）		承接外省成果合同金额（万元）	
	2019 年	2020 年	2019 年	2020 年	2019 年	2020 年	2019 年	2020 年
北京	253	280	261785	425419	67.5	63.5	34089	40745
天津	79	72	49530	50074	51.4	68.4	10316	5911
河北	140	164	2839	5922	20.0	24.5	6935	52809

资料来源:中国科技评估与成果管理研究会、国家科技评估中心、中国科学技术信息研究所编著《中国科技成果转化年度报告 2021(高等院校与科研院所篇)》,科学技术文献出版社,2022,第 70~71 页、第 369~370 页、第 468~469 页。

表 3 反映了 2019 年和 2020 年京津冀三地辖区内高校产出成果输出外省及承接情况，从中可以发现，河北科研成果转化的高校数量多于北京、天津；辖区内成果合同金额，2020 年北京约是天津的 5 倍，天津约是河北的 9 倍；天津输出外省合同金额占全部合同金额比重较高，与 2019 年相比，2020 年天津、河北输出外省合同金额占比有所提高，北京则有较大幅度下降；河北承接外省高校成果合同金额大于北京、天津，同时 2020 年是天津的近 6 倍。

表 3　2019 年和 2020 年京津冀三地辖区内高校
产出成果输出外省及承接情况

省市	单位数量（家）		辖区内成果合同金额（万元）		输出外省合同金额占比（%）		承接外省成果合同金额（万元）	
	2019 年	2020 年	2019 年	2020 年	2019 年	2020 年	2019 年	2020 年
北京	41	45	66783	156591	67.8	36.9	10696	29458
天津	19	19	2088	29645	77.0	92.4	9256	5296
河北	69	83	1760	3193	17.3	28.5	2906	31620

资料来源：中国科技评估与成果管理研究会、国家科技评估中心、中国科学技术信息研究所编著《中国科技成果转化年度报告 2021（高等院校与科研院所篇）》，科学技术文献出版社，2022，第 228 页。

表 4 列出了京津冀三地高校超 1 亿元转化成果与落地省市的详细情况，北京、天津高校各产生了 1 项超 1 亿元成果转化项目，分别来自清华大学和天津中医药大学，河北高校未产生超 1 亿元成果。不过，河北省成功吸引到来自复旦大学和中南大学的两项超 1 亿元成果；北京除清华大学项目外，还吸引了上海交通大学的 1 个项目落地；天津虽然产生 1 个超 1 亿元成果，但是无项目落地。

表 4　高校超 1 亿元转化成果与落地省市情况

序号	成果名称	合同金额（万元）	转化方式	高校名称	转化至省市
1	20 万元及 60 万元高温气冷堆技术	47371	作价投资	清华大学	北京
2	中药宣肺败毒颗粒	18000	转让	天津中医药大学	山东
3	烷氧基苯并五元（六元）杂环胺类化合物及其药物用途	15000	转让	复旦大学	河北
4	"通过互联网进行云端信息服务的电话系统"等 70 项成果	11295	作价投资	上海交通大学	北京
5	糖尿病肾病/纤维化治疗药物 WZY-314 项目的专利申请权与后续开发权益（含脲基苯并咪唑类衍生物及其制备方法和应用）	10000	转让	中南大学	河北

资料来源：中国科技评估与成果管理研究会、国家科技评估中心、中国科学技术信息研究所编著《中国科技成果转化年度报告 2021（高等院校与科研院所篇）》，科学技术文献出版社，2022，第 203~205 页。

从上述三地成果转化产出与承接落地两个方面分析，北京辖区内高校、科研院所数量众多，产出科研成果转化合同数量与合同金额总量大、全国领先。天津市的高校、科研院所数量虽然少于河北省，但是产出科研成果转化合同数量与合同金额均多于河北省，体现出天津市科研的总体水平略高于河北省。从承接和转化项目落地的角度看，北京高校、科研院所辐射全国的能力很强，本地转化率和转化数量有待提升，"溢出"效应明显。天津市高校、科研院所的成果转化项目，向外流动的比例较高，"外流"效应显著。河北省输出外省市项目占比低，承接外省市项目金额较大，且近两年剧增，说明河北省的"吸引"和"承接"能力强。

从数据上看，本地转化合同金额排名居前 3 位的分别是上海

（13.5亿元）、北京（9.9亿元）、四川（8.6亿元）。河北50%以上（按合同金额占比计）科技成果在本地实现转化，服务本地企业，促进本地经济发展。北京高等院校较多、科研能力较强，产出成果能力强，输出成果到其他地方合同金额远大于承接其他地方成果合同金额，对其他地方的辐射能力强。河北省承接能力逐步增强，但高校产出能力有待提高。天津市科技成果产出能力较强，但承接能力有待提高。不同学科专业根据不同区域特征形成优势，比如天津的中医药、河北的化学合成药、北京的医工融合与医疗器械等。

因此，通过京津冀三地比较可以发现，当地拥有高校、科研院所具备科研能力和成果转化能力的，要继续做大做强科研成果转化产能；科研成果转化产能低的省市，要积极发展承接能力，改善承接各类成果转化项目落地的条件和环境。

五　国内最新发展模式介绍

浙江、广东、上海等经济强省强市同样十分注重高校科研成果转化，通过省级、市级、区级、校级发力，在不同层级实现对科研成果转化发挥促进作用。

（一）浙江省科创强省建设模式

《浙江省"315"科技创新体系建设工程实施方案（2023—2027年）》提出的重点任务包括：每年给予每个实验室1亿元财政资金，建设高水平省级实验室体系；5年总投资超1000亿元，建设高水平新型研发机构；集中力量突破关键核心技术，带动企业等社会资本投入超1000亿元；支持科技领军企业和科技"小巨人"企业牵头组建创新联合体50家，省市县联动给予标志性重大科技项目最高3000万元补助；开展山区 26 县科技特派团试点，给予每个试点每年 500 万元经费支持。方案逐条明确责任单位，在省委领导统筹下，强化财税、金融、用地、用能等方面保障，开展绩效考核评价。

为了落实"315"科技创新体系建设工程，加快构建全省技术转移体系，浙江开展科技成果转化"双百千万"专项行动，组织百家高校院所和新型研发机构，开展百场科技成果转化校地合作、主题论坛和开放日等活动；组织千名青年人才入企结对，组织技术转移专家助企帮扶，实施千次产学研深度合作；组织万家科技型企业开展万项科技成果转化应用，助力提升企业科技创新和成果转化水平。

（二）广东省高校创新中心模式

由广东省教育厅和佛山市人民政府共建的广东高校科技成果转化中心，以"管理中心+线上服务平台+创业园"的"1+1+N"模式建设和运营，技术经理人团队全周期一对一服务高校。针对企业端、高校端、政府端、教师端开展精准对接、转化体系建设、招商引智、产业化咨询等服务，面向全国高校搭建平台。截至 2021 年，共培育 51 家科技型企业，市场估值已超 10 亿元，促成科技成果校企合作 52 项。[①] 中心研制《广东省高校科技成果转化能力年度报告》，并发布广东高校成果转化（本、专科）实效、转化体制机制、科研实力等六张排名榜。

（三）上海宝山创新联合体模式

上海市宝山区成立的医疗器械创新联合体，整合产业链上下游企业，联合高校、科研院所、政府职能部门等，为推进科学技术成果向产业转化，提供"一站式、全流程、开放式"专业服务。创

---

① 《广东高校科技成果转化中心简介》，https：//www.gurfcc.com/about。

新联合体发挥组织优势，突出"做实、灵活、明确运营主体"三个特点，提高高校成果转化效率。针对高校科研成果离市场较远，存在认证、小试、中试、量产、临床等长流程问题，政府在联合体中加大对技术验证环节的早期投资以及全流程政策扶持和精细化监管力度。创新联合体打通产业链，引入优质资本，帮助高校科研成果落地应用。

（四）上交大科技成果转化模式

上海交通大学"大零号湾全球创新创业集聚区"经过10余年建设，从校级园区不断发展为闵行区级、上海市级创新创业园区。学校首先发力破解"制约科技成果转移转化的细绳子"问题，建立成果转化"一站式"数字行政审批系统，制定"1+5+20"转化政策配套支撑文件，形成多部门协同、全流程贯通的成果转化管理服务体系。破除体制机制阻碍，解决后顾之忧，充分释放学校教师、学生、干部的成果转化、创新创业热情活力。"大零号湾"核心区有600多家企业，融资过千万的42家、过亿的28家、过10亿的3家，10余家学校科技成果转化企业正积极筹备IPO。[①]

（五）高校校地、校企合作模式

清华大学建立校地研究院16个，四川大学建立校地研究院20个、校企平台400个，武汉理工大学建立校地研究院30个、校企平台55个。通过校地、校企合作，将企业和政府的需求、资金"引进来"，将高校研究院、研究中心、研究员、研究生、研究基础、研究成果"放出去"，学校配套资金、政策支持，开展管理、评价、服

---

① 《跑好"两个一公里"，迈向大零号湾建设新征程》，上海交通大学新闻学术网，2022年9月5日，https://news.sjtu.edu.cn/jdyw/20220905/174086.html。

务，形成新的科研成果，并使其进入转化流程，培养面向应用的教师、人才、成果，实现多方经济效益共赢。

武汉理工大学为了响应国家号召、社会需求和为区域经济社会发展做贡献，大力进行科技合作与成果转化。2017 年学校成立"科技转化中心"，负责产学研合作、专利与信息服务、产业与投融资等全链条服务。学校以特色专业材料、汽车、船舶为重点领域，聚焦湖北辐射全国；以"校地合作"研究院和"校企合作"研发中心为平台，破解专利、股份占比等方面阻碍，在明确职务发明、职务成果的基础上，采取收益分享原则，根据成果和贡献协商学校（20%~70%）、院系（10%）、团队（20%~70%）三方不同收益占比；通过评价方式转变鼓励学院、科研人员开展技术成果转化和横向课题研究。2020年，学校横向课题和成果转化指标大部分超过 2019 年（见表 5），2020 年的横向课题到账金额达 4.4 亿元，专利转化金额为 1.2 亿元。同年，学校获"国家知识产权示范高校"和"高等学校科技成果转化和技术转移基地"等荣誉。

表 5　2019 年和 2020 年武汉理工大学校企合作情况

年份	横向课题（项）	到账金额（亿元）	专利转化（项）	转化金额（亿元）	新增校地平台（个）	新增校企平台（个）
2019	1753	4.4	169	0.8	15	22
2020	1545	4.4	131	1.2	8	23

资料来源：武汉理工大学科技合作与成果转化中心官网。

六　对策建议

通过分析发现，京津冀目前存在三方面问题：一是成果转化数量少、金额低，北京市属高校、天津及河北高校院所存在科研成果转化数量少、金额低等问题；二是落地本地区项目少，北京高校院所超六成、高校近四成成果，转化输出外地、辐射全国；三是体制机制系统整体运行有缺陷，存在高校科研水平低、无法满足企业需求、不重视成果转化等问题。

需要借鉴经济发达地区探索出的经验模式，形成错位竞争，加强省市级统筹、建设高层次成果转化中心、建立区县创新联合体、鼓励学校开门办学，从而深挖高校院所科研成果转化潜力，提高成果转化数量和质量，积极促进成果落地本地区。

（一）错位竞争，培育成果与提升承接能力双向发力

目前，京津冀三地已经初步形成了，北京高校院所发挥科研和成果转化产能优势、河北省提升承接落地各类项目能力的错位竞争发展态势，利用省市自身条件和基础，不断寻找优势、提升优势、发挥优势。因此，需要继续从培育壮大科研成果转化产能和提升承接落地项目能力这两个方面双向发力。不但要重视科研能力提升、成果转化能力提高，更要着力增强项目转换落地承接的吸引力，将科研产出的大项目、好项目积极争取到所在地区落地转化。一方面，发挥长处，拥有科研基础和条件的，继续培育科研成果，提高转化产能；科研条件略差的省市，积极充分发展承接能力，提升承接各类项目落地的条件和营商环境；另一方面，补齐短板，继续发展成果转化产能，不断提升承接能力。

（二）多级发力，强化高校院所科研成果转化体系

首先，建议各高校院所成立校所级成果验证转化中心，各区依规划建立相关产业创新联合体，市教委、省教育厅组建省市级高校创新中心，形成"高校—区（地市）—市（省）"三级创新转化体系。其次，各级转化实体组织均应具备需求对接、知识产权申请、验证支

持、管理服务、企业合作、股权投资、产业落地、政策扶持等功能，根据科研成果技术成熟度、市场前景、创新水平、资金需求等进行分级管理。最后，省市级和区（地市）级要因地制宜加强对空间、土地、政策、产业置换集聚、研发小镇等方面的规划设计，促进亿元以上项目落地，增强科研成果本地转化能力。

（三）精细管理，建设成果转化的全生命周期平台

首先，评估并建立省市级高校成果转化管理服务平台，开展和提供从科研项目资助立项、企业需求发布对接，到成果产出、知识产权申请、技术验证、小试中试、股权投资、规模量产、产业落地的"一站式、全生命周期、开放式"成果转化服务。其次，及时跟进成果产出到落地的每一个环节，协同解决成果转化的问题。最后，开展有组织科研，根据基础条件资助和孵化亿元级成果。加强科研成果和转化的监测、研究、追踪，通过全生命周期精细化管理提升科研和转化水平。

（四）评价导向，提高各级主体对成果转化的重视

首先，进一步对高校院所科研成果转化情况进行监测、评价、排名，增强成果转化意识。在对高校教师、科研人员的录用、考核、晋升等评价中，除现有教学、科研指标之外，增设"社会服务"指标，同时可在教学、科研、服务之间选择权重，为教师、科研人员积极投身社会经济服务和成果转化建立制度通道。其次，对校内外各类成果转化的机构、部门、处室、中心开展评价和绩效考核，掌握成果转化工作开展情况和取得效果；对具有成果转化目标的财政资助项目进行转化成效和落地城市评价。最后，建议市教委、省教育厅联合市（省）级主要教科研机构共同研制并发布科研成果转化年度报告和排行榜。

（五）协同治理，营造促进科研成果转化政策环境

首先，加强成果转化相关政策宣传贯彻力度，及时在高校院所范围内汇编交流成果转化政策、案例、经验，针对各主体、各类人员做好政策导读与宣讲培训。其次，加强科研成果转化与财务、法律、审计、知识产权、人才、纪检、监督、巡视等部门之间的政策协同，化解市属高校成果转化、项目管理、奖励发放及绩效工资等方面的顾虑。完善成果披露、国有资产管理等方面的实施细则，切实解决科技成果转化工作的难点痛点，通过加强政策衔接，进一步促进科技成果转化政策的落实。最后，强化央属高校服务所在地的责任担当，充分营造良好营商和科创环境，吸引央属和全国高校增加转化至京津冀三地的成果数量和金额。

B.5
2015～2022年京津冀职业教育协同发展实践量化分析

侯兴蜀*

摘　要： 为全面了解 2015～2022 年京津冀职业教育协同发展的实践状况，本报告通过采集、汇总和分析 32 期《京津冀职业教育协同发展简报》、184 份北京市职业院校推进京津冀协同发展年度报告、近 600 份京津冀职业院校教育质量年度报告以及通过其他途径获取的相关信息发现，自 2015 年《京津冀协同发展规划纲要》出台以来，京津冀职业教育协同发展取得了明显的进展，涉及京津冀地区职业院校 357 所，分布地理范围较广；参与活动频次达 1341 年次；101 所职业院校参与京津冀职业教育协同发展活动 6 年次及以上；在京津冀三地之间、高等职业学校和中等职业学校之间、年度之间存在参与学校数量和参与活动频次的显著差异。建议持续监测京津冀职业教育协同发展实践状况，加强跟踪研究、形势研判和对策设计，以更精准地服务京津冀职业教育协同发展，提高职业教育服务区域人才、经济和社会发展的贡献力。建议将京津冀职业教育协同发展工作的指导方针从鼓励全面探索调整为寻求重点突破；在推动人才联合培养培训的同时，积极推动京

---

* 侯兴蜀，北京教育科学研究院职业教育研究所副研究员，主要研究领域为职业教育政策、规划与评估。

津冀职业教育助力河北省乡村振兴。

关键词： 职业教育 协同发展 京津冀

京津冀职业教育协同发展既是京津冀教育协同发展的重要组成部分，也是京津冀产业协同发展的支撑条件之一。大量实践和有关研究表明，京津冀职业教育协同发展对京津冀地区教育发展、人才培养、产业发展、社会建设、乡村振兴都发挥了积极的作用。但自2015年《京津冀协同发展规划纲要》出台以来，对职业教育领域内的京津冀协同发展实践始终缺乏全面的量化分析，这不利于形成对实践的清晰认识和进行进一步的科学决策。因此，有必要依据实践进展，对2015~2022年京津冀职业教育协同发展做一次全面的梳理和量化分析。

一 数据的基本情况

（一）数据的定义与范围

本报告主要研究对象是京津冀职业教育协同发展活动。这些活动主要是京津冀职业教育相关主体（至少有京津冀其中两地的主体）举办或参与的以促进京津冀职业教育各自或整体发展为目的的交流、协作、对口支援或对口帮扶方面的活动。

这些活动的参与主体包括北京市、天津市和河北省的教育行政部门、人力资源和社会保障部门、职业教育科研部门、教育行业组织、中等职业学校（含技工院校）、高等职业学校、职业技能培训机构、本科学校、产业行业组织、企业以及其他相关机构或组织，主要参与方是北京市、天津市和河北省的中等、专科和本科层次职业院校。

这些活动的具体形式包括但不限于北京京外招生计划重点投向河北、同层次或跨层次联合办学、学生短期技能培训、学生技能竞赛、学生访学、奖学金和助学金设立、学生文化交流、学生假期实践、教师和管理人员跟岗研修、管理人员挂职锻炼、教师培训、教师支教、教学能力比赛、免费开放课程资源、免费开放实训基地、实训设备支援、协助引入企业资源、职业教育集团（联盟）组建、高职院校"结对子"、异地分校建设、交流会、研讨会、参观考察。

本报告中的数据来自 2015 年 1 月 1 日至 2022 年 12 月 31 日的活动。这些活动主要发生在京津冀地理区域内。

（二）数据来源和采集方法

本报告的统计分析主要基于京津冀职业教育协同发展数据库，它包含若干个数据表，数据表中数据的来源、数据表形成的过程和方法如下。

1. 主要数据来源

一是《京津冀职业教育协同发展简报》。京津冀职业教育协同发展研究中心 2016~2022 年底共编制出 32 期《京津冀职业教育协同发展简报》（一般每季度 1 期，另有 4 期职业教育活动周专刊），并在编制过程中逐渐扩大对相关职业院校监测的范围。2015~2022 年累计监测 357 所京津冀职业院校，包括京津冀所有本科层次和专科层次的高等职业学校、北京市所有中等职业学校、天津市和河北省部分中等职业学校。本科包含天津中德应用技术大学（由原天津中德职业技术学院升格而成，该校自我定位为应用技术大学，在本报告中被视为本科层次的高等职业学校，目前办学层次包括硕士、本科和高职）在内的职业本科学校。专科高职中包含 1 所成人高等学校即河北青年管理干部学院，目前招收全日制普通高职专科学生。该简报的信息主要是公开信息，包括京津冀政府有关部门和职业院校官方网站公布的信息、通过搜索获得的新闻报道、研究者在实地参与活动过程中获得的信息，以及其他渠道获得的信息。

二是北京市各职业院校提交的推进京津冀职业教育协同发展年度报告。2016~2021年每年年底北京市教育委员会都发出专门通知，要求北京市中等职业学校和高等职业学校撰写和提交学校参与京津冀职业教育协同发展的年度报告，累计形成了184份报告。2015年和2022年未专门发出通知收集各职业院校推进京津冀职业教育协同发展年度报告，2015年数据来自北京市教育委员会形成的一份名为《北京市中职学校已开展京津冀职业教育合作情况汇总》的报告，2022年数据来自《京津冀职业教育协同发展简报》和职业学校质量年报。

三是京津冀职业院校教育质量年度报告，主要包括在北京职成教网上公布的2016年以来的北京市中等职业学校和高等职业学校教育质量年度报告、北京市各区政府职业教育履责情况年度报告、2015年以来的北京市中等职业教育质量年度报告和2016年以来的北京市高等职业教育质量年度报告，还有天津市和河北省部分职业院校官方网站公布的教育质量年度报告。

四是通过计算机网络搜索工具获得的一些相关的新闻报道。

2. 数据表的制作方法

根据上述资料和信息，按照2015~2022年每个自然年京津冀地区职业院校是否参加符合上述标准的活动进行记录，参加1次及以上在表中当年年份下记"1"，然后进行横向和纵向汇总。横向汇总所得数代表一所职业院校在2015~2022年每年参与的频次（按年度简单求和计算，单位设为年次，但事实上存在同一所学校在同一年度多次参加不同形式的京津冀职业教育协同发展活动的现象）。纵向汇总所得数代表本地区本年度被监测的职业院校参与京津冀职业教育协同发展活动的频次，然后进行一定的排序，借以粗略考察京津冀职业院校参与协同发展进程的范围和活跃度。最终形成由若干张依据上述方法制作的数据表和相关活动素材以及其他基础信息表组成的京津冀职业教育协同发展数据库。

本报告的图表中包含的和依据的数据除特别注明外，均来自前述的京津冀职业教育协同发展数据库。

二 数据分析的主要结果

（一）参与主体数量多、范围广

1. 涉及京津冀约1/3的职业院校（357所），以河北省为主

对数据表中的相关数据进行汇总发现，2015~2022年累计有357所独立设置的京津冀职业院校参与了京津冀职业教育协同发展，京津冀三地分别涉及85所、58所、214所，占比分别为23.81%、16.25%、59.94%（见图1），河北省职业院校数量最多，北京市次之，天津市最少。因缺少2022年京津冀职业院校数量的总体数据，暂采用2021年京津冀职业院校（含京津冀高等职业学校、普通中等专业学校、成人中等专业学校、职业高中和技工院校，不含河北省技工院校）的数据，约为1042所，而这357所职业院校在其中的占比为34.26%。

就河北省而言，所辖的11个地级市都有职业院校参与。相对集中于石家庄、保定、邯郸、张家口、唐山、邢台6个地市，共涉及161所职业院校，占河北省214所学校的75.23%，而承德、廊坊、沧州、秦皇岛和衡水涉及的职业院校数量依次减少（见图2）。

2. 以中等职业学校为主，各类型各层次职业院校均有参与

从参与院校的办学层次上看，以中等职业学校为主（249所），

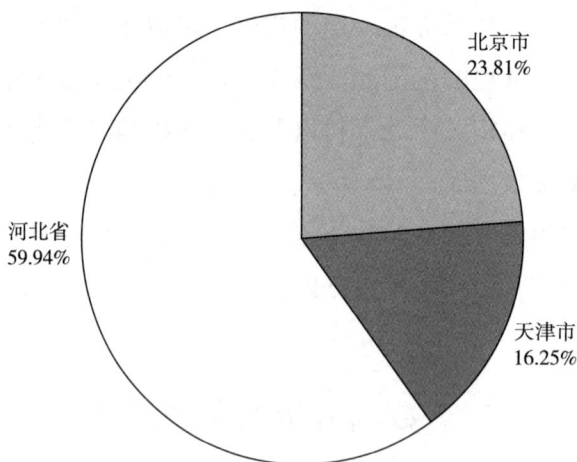

图1 参与京津冀职业教育协同发展的职业院校三地占比

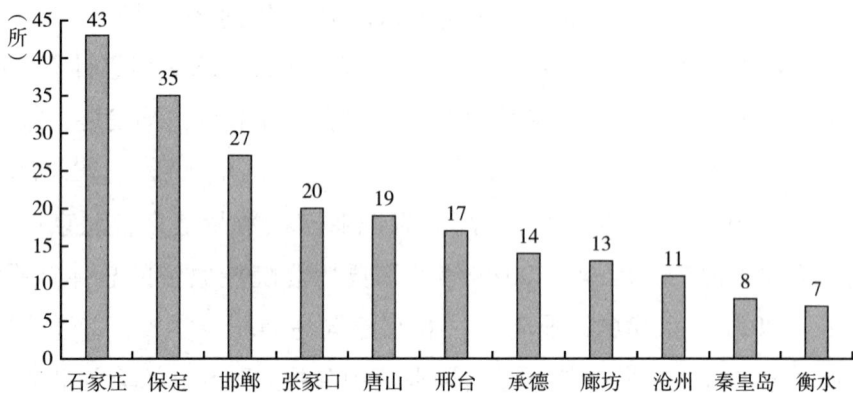

图2 河北省各地市参与京津冀职业教育协同发展的职业院校数量

占比为 69.75%；专科层次的高等职业学校 104 所，占比为 29.13%；本科层次的高等职业学校有 4 所，即河北工业职业技术大学、河北科技工程职业技术大学、河北石油职业技术大学和天津中德应用技术大学，占比为 1.12%（见图3）。

就天津市而言，2015～2022 年参与京津冀职业教育协同发展的职业院校共 58 所，占 2022 年天津市所有职业院校（111 所）的比例为

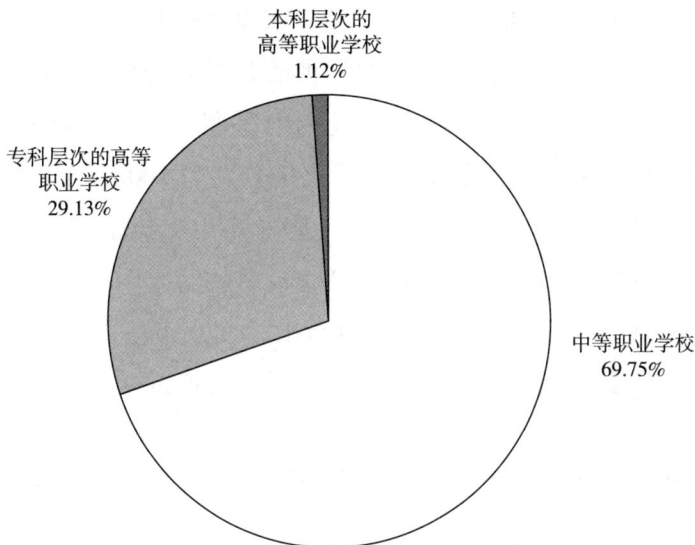

图3　参与京津冀职业教育协同发展的职业院校层次占比

52.25%。其中，参与的高等职业学校、中等职业学校分别有26所和32所，占2022年该类学校总数的比例分别为100%、37.65%（见表1）。由此可以看出，相对于高等职业学校而言，天津市中等职业学校参与京津冀职业教育协同发展的比例较低一些。

表1　天津市职业院校参与京津冀职业教育协同发展情况

单位：所，%

学校层次	2015~2022年累计	2022年该类学校总数	参与率
高等职业学校	26	26	100.00
中等职业学校	32	85	37.65
合计	58	111	52.25

注：中等职业学校含普通中等专业学校、职业高中、技工院校。

资料来源：2022年该类学校总数源自《2022—2023学年初天津市教育事业统计信息快报》，中等职业学校中的17所技工学校数据源自天津市人力资源和社会保障局官方网站公布的天津技工学校通讯录。

就北京市而言，2015～2022 年参与京津冀职业教育协同发展活动的职业院校共 85 所，占 2022 年北京市所有职业院校（118 所）的比例为 72.03%。其中，高等职业学校和中等职业学校分别有 26 所和 59 所，占 2022 年该类型学校总数的比例分别为 100.00% 和 64.13%。中等职业学校中普通中等专业学校、职业高中、技工院校分别有 23 所、24 所、12 所，占 2022 年该类型学校总数的比例分别为 82.14%、61.54%、48%（见表 2）。由此可以看出，北京市各类型职业院校参与京津冀职业教育协同发展的覆盖面还是比较广的。

表 2　北京市职业院校参与京津冀职业教育协同发展情况

单位：所，%

学校层次	2015～2022 年累计	2022 年该类学校总数	参与率
高等职业学校	26	26	100.00
中等职业学校	59	92	64.13
其中:普通中等专业学校	23	28	82.14
职业高中	24	39	61.54
技工院校	12	25	48.00
合计	85	118	72.03

资料来源：2022 年该类学校总数源自《2022—2023 学年度北京教育事业发展统计概况》。

3. 参与学校数量波动较大，总体表现为"先增后减"

从年度数据来看，2015～2022 年参与京津冀职业教育协同发展的京津冀职业院校总体呈现"先增后减"的趋势，在 2017 年和 2019 年达到几乎持平的"双高峰"，分别有 214 所和 211 所学校参与。这期间波动趋势比较明显，2015～2017 年参与学校的数量处于快速上升期，2019 年以后参与学校的数量持续减少，2022 年有 112 所学校参与，略低于 2015 年的 125 所。其中，河北省的态势与京津冀整体态势基本一致，除 2021 年略有波折之外；相对而言，北京市和天津市的变化曲线较为平滑，上升期和下降期曲线均比较平顺（见图 4）。

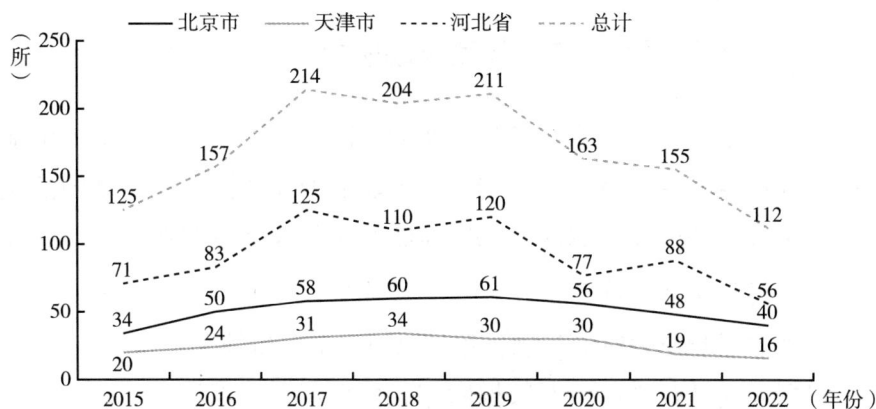

图4　2015~2022年参与京津冀职业教育协同发展的职业院校数

就高点和低点数据变化幅度而言，北京市、天津市和河北省与京津冀整体变化状况比较接近，变动幅度均在47%~80%。其中，2022年京津冀整体、天津市、河北省参与学校的数量均为2015~2022年的最低点，与各自的最高点相比，参与学校的数量分别减少了102所、18所、69所，减幅分别为47.66%、52.94%、55.20%（见表3）；2022年北京市参与的学校数量为40所，虽然不是2015~2022年的最低点，但与最高点即2019年的61所相比，也减少了21所，减幅为34.43%。

表3　京津冀职业院校参与京津冀职业教育协同发展的
年度极限数量情况

单位：所，%

省市	2015年	2017年	2018年	2019年	2022年	低点/高点	变动幅度
北京市	34			61		55.74	+79.41
天津市			34		16	47.06	-52.94
河北省		125			56	44.80	-55.20
总计		214			112	52.34	-47.66

（二）参与频次不均，年度波动明显

本报告中参与频次意在考察一所职业院校在每个自然年或一个地区职业院校在同一个自然年参与京津冀职业教育协同发展活动的活跃度。本报告统计的参与频次并非职业院校参与京津冀职业教育协同发展活动的绝对次数，而是按年度作为整体来计算的。

1. 河北省职业院校参与频次超过京津两市参与频次之和

根据前述计算方法，对数据库相关数据汇总发现，2015~2022年北京市、天津市和河北省职业院校参与京津冀职业教育协同发展的频次累计分别为407年次、204年次和730年次，三地总和为1341年次（见图5）。

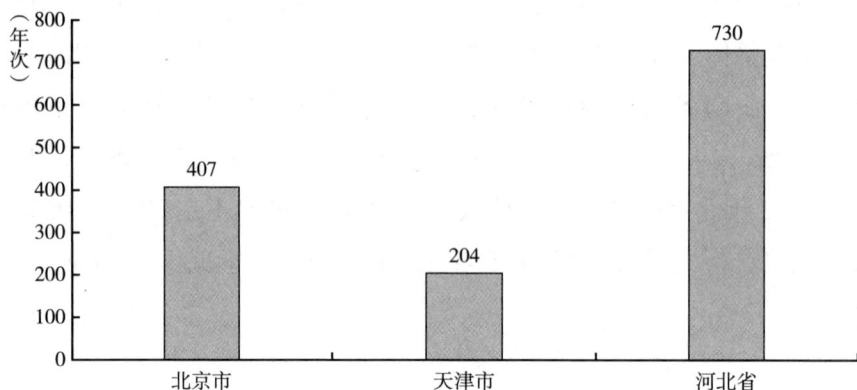

图5　2015~2022年京津冀职业院校参与京津冀
职业教育协同发展的频次

从京津冀三地在京津冀职业教育协同发展总频次中占据的份额来看，北京市、天津市和河北省分别为30.35%、15.21%、54.44%。也就是说，河北省职业院校占据了一半多，北京市占据了约1/3，天津市约为北京市的一半，京津两市之和比河北省低了近9个百分点

（见图6）。造成这种情况的原因可能主要是河北省职业院校数量远超京津两市。

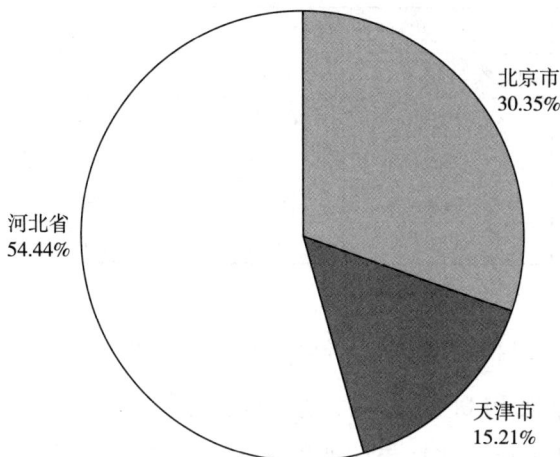

图6 2015～2022年京津冀职业院校参与京津冀职业 教育协同发展的频次占比

从京津冀中等职业学校和高等职业学校在京津冀职业教育协同发展频次中占据的份额来看，中等职业学校和高等职业学校分别为58.02%和41.98%，这与前述京津冀职业教育协同发展参与主体以中等职业学校为主相一致。分地域来看，北京市和河北省中等职业学校参与频次占比均在60%左右，而天津市则相反，即高等职业学校参与频次占比为59.80%（见表4）。出现这种情况的一个可能的原因是，相比北京市和河北省，天津市高等职业学校的数量在中等和高等职业学校总数中的占比较低。

2.北京市职业院校参与的年度平均频次最高

从2015～2022年的平均数来看，京津冀三地职业院校参与京津冀职业教育协同发展活动的频次分别为50.88年次、25.50年次和91.25年次，京津冀整体为167.63年次；再按京津冀三地累计参

表4 2015～2022年京津冀中等和高等职业学校参与京津冀职业教育协同发展的频次情况

单位：年次，%

省市	合计	中等职业学校		高等职业学校	
		参与频次	占比	参与频次	占比
北京市	407	263	64.62	144	35.38
天津市	204	82	40.20	122	59.80
河北省	730	433	59.32	297	40.68
总计	1341	778	58.02	563	41.98

与的职业院校数量平均计算，每年每所职业院校参与的频次为0.60年次、0.44年次和0.43年次，京津冀整体为0.47年次（见表5）。单从这个结果来看，北京市职业院校参与京津冀职业教育协同发展的频次是最高的，可能参与的意愿也是最强的；天津市和河北省则几乎持平。

表5 2015～2022年京津冀职业院校参与京津冀职业教育协同发展的频次情况

省市	参与频次（年次）	频次占比（%）	年度平均频次（年次）	累计参与的职业院校数（所）	年度每所职业院校参与的平均数（年次）
北京市	407	30.35	50.88	85	0.60
天津市	204	15.21	25.50	58	0.44
河北省	730	54.44	91.25	214	0.43
总计	1341	100	167.63	357	0.47

3. 河北省地级市之间参与频次总数和平均数均差异明显

2015～2022年，石家庄、保定、张家口、唐山和邯郸职业院校参与京津冀职业教育协同发展的频次在河北省11个地级市中位居前5，分别为133年次、122年次、94年次、72年次和63年次，累计484

年次，占全省之和的 66.30%。这 5 个地市加上邢台、承德和廊坊，总频次为 654 年次，占全省之和的 89.59%，也就是说，河北省的约 90%集中在这 8 个地市。尤其是石家庄、保定、张家口——超过或接近 100 年次，合计占比达 47.81%（见表 6）。

表 6　2015～2022 年河北省各地级市职业院校参与
京津冀职业教育协同发展的频次情况

序号	地级市	累计参与的频次（年次）	每所职业院校平均参与次数（年次）	每所职业院校年平均参与次数（年次）	累计参与的职业院校数（所）
1	石家庄	133	3.17	0.40	42
2	保定	122	3.49	0.44	35
3	张家口	94	4.70	0.59	20
4	唐山	72	3.79	0.47	19
5	邯郸	63	2.33	0.29	27
6	邢台	58	3.41	0.43	17
7	承德	57	4.07	0.51	14
8	廊坊	55	4.23	0.53	13
9	沧州	38	3.17	0.40	12
10	秦皇岛	27	3.38	0.42	8
11	衡水	11	1.57	0.20	7
	合计	730	3.41	0.43	214

从 2015～2022 年河北省各地市每所职业院校平均参与次数看，张家口、廊坊、承德均超过 4 年次，居 11 个地级市的前 3 位；唐山、保定、邢台、秦皇岛、石家庄、沧州居于第 2 梯队，平均次数在 3~4 年次；邯郸和衡水分别为 2.33 年次和 1.57 年次，居后两位（见图 7）。

从 2015～2022 年河北省各地市每所职业院校年平均参与次数看，张家口、廊坊、承德均超过 0.5 年次，居 11 个地级市的前 3 位；唐

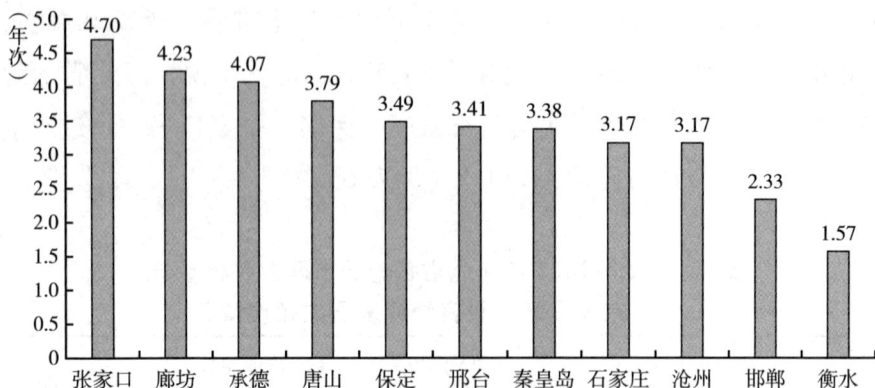

图7 2015~2022年河北省各地市每所职业院校平均参与次数

山、保定、邢台、秦皇岛、石家庄、沧州居于第2梯队，平均次数在0.4~0.5年次；邯郸和衡水分别为0.29年次和0.20年次，居后两位（见图8）。这和上述河北省各地市每所职业院校平均参与次数排序完全一致。

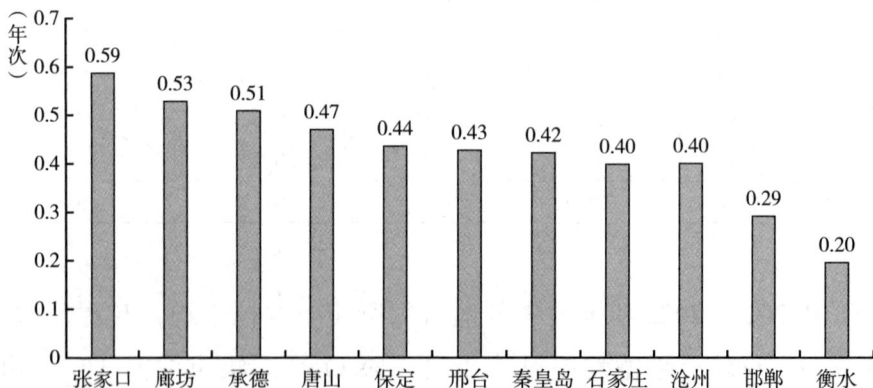

图8 2015~2022年河北省各地市每所职业院校年平均参与次数

值得注意的是，综合表5、图7和图8的信息来看，虽然廊坊（第8位）、承德（第7位）两市的总参与频次排名相对靠后，但按职业院校数平均来看，其参与频次则居于全省各地市前列，分别跃升到第2位和第3位。这可能与其参与京津冀职业教育协同发展的职业院校集中度较高有关系。

4. 涌现出超百所持续参与京津冀职业教育协同发展的院校典型

（1）101所职业院校参与京津冀职业教育协同发展活动6年次及以上

2015~2022年，有101所京津冀地区的职业院校参与京津冀职业教育协同发展活动6年次及以上（并非均为连续参与），占参与京津冀职业教育协同发展职业院校总数（357所）的28.29%。其中，连续8年参与、累计7年参与和累计6年参与（这三种情形不存在包含关系）的职业院校数分别为32所、39所和30所；本科、专科和中职分别有3所、43所、55所；北京市、天津市和河北省分别有39所、17所和45所，以京冀两地为主（见表7）。

表7　2015~2022年多次参与京津冀职业教育协同发展的职业院校情况

单位：所，%

学校类别	学校数	占比
总计	101	100
其中:在参与频次方面		
连续8年参与	32	31.68
累计7年参与	39	38.61
累计6年参与	30	29.70
其中:在办学层次方面		
本科	3	2.97
专科	43	42.57
中职	55	54.46
其中:在隶属关系方面		
北京市	39	38.61
天津市	17	16.83
河北省	45	44.55

（2）32 所职业院校连续 8 年参与京津冀职业教育协同发展活动

2015~2022 年，有 32 所京津冀地区的职业院校连续 8 年参与京津冀职业教育协同发展活动，涌现出一批先行先试持续协作的典型，其中以北京市职业院校最多，为 17 所，占比为 53.13%；河北省次之（10 所），占比为 31.25%；天津市有 5 所，占比为 15.63%（见表8）。这 32 所职业院校占参与京津冀职业教育协同发展职业院校总数（357 所）的 8.96%。这 32 所职业院校中，本科有 2 所（天津中德应用技术大学和河北科技工程职业技术大学），占比为 6.25%；专科 13 所，占比为 40.63%；中职 17 所，占比为 53.13%（见表8）。

表8　2015~2022 年连续 8 年参与京津冀职业教育协同发展的职业院校

序号	序号	学校名称	学校办学层次和类型
1	1	北京电子科技职业学院	专科
2	2	北京交通运输职业学院	专科
3	3	北京工业职业技术学院	专科
4	4	北京信息职业技术学院	专科
5	5	北京财贸职业学院	专科
6	6	北京劳动保障职业学院	专科
7	7	北京农业职业学院	专科
8	8	北京金隅科技学校	中职（普通中专）
9	9	北京市商业学校	中职（普通中专）
10	10	北京市经济管理学校	中职（普通中专）
11	11	北京市丰台区职业教育中心学校	中职（职业高中）
12	12	北京市劲松职业高中	中职（职业高中）
13	13	北京市电气工程学校	中职（职业高中）
14	14	北京市昌平职业学校	中职（职业高中）
15	15	北京市求实职业学校	中职（职业高中）
16	16	北京市延庆区第一职业学校	中职（职业高中）
17	17	北京市房山区房山职业学校	中职（职业高中）
18	1	天津中德应用技术大学	硕士、本科、专科
19	2	天津交通职业学院	专科

续表

序号	序号	学校名称	学校办学层次和类型
20	3	天津医学高等专科学校	专科
21	4	天津职业大学	专科
22	5	天津市第一商业学校	中职（普通中专）
23	1	河北科技工程职业技术大学	本科、专科
24	2	河北女子职业技术学院	专科
25	3	河北交通职业技术学院	专科
26	4	唐山工业职业技术学院	专科
27	5	涞源县职业技术教育中心	中职（职业高中）
28	6	阜平县职业技术教育中心	中职（职业高中）
29	7	容城县职业技术教育中心	中职（职业高中）
30	8	沽源县职业技术教育中心	中职（职业高中）
31	9	唐山市第一职业中专	中职（普通中专）
32	10	滦平县职业技术教育中心	中职（职业高中）

三　对数据的进一步讨论

（一）数据的局限性对统计分析结果有一定的影响

一是本报告数据采集的范围有一定的局限性。监测以京津冀高等职业学校为主，做到了全覆盖（根据教育部公布的2022年全国普通高等学校名单）。但仅常规定期监测了248所中等职业学校（只要监测到有中等职业学校参与京津冀职业教育协同发展活动，就会持续监测其官方网站），而这仅占2021年京津冀地区中等职业学校（含京津冀三地普通中专、成人中专、职业高中和京津两地技工学校，不含河北省技工学校）总数（795所）的31.19%，无疑会遗漏掉一些实际参与过京津冀职业教育协同发展活动的中等职业学校。

二是本报告数据采集的方式有一定的局限性。虽然本报告对所有能获取的《京津冀职业教育协同发展简报》、北京市职业院校推进京津冀职业教育协同发展年度报告、京津冀职业院校教育质量年度报告都进行了分析，但相比实际发生的全部活动，信息仍有遗漏。比如，《京津冀职业教育协同发展简报》以职业院校官方网站上公开的信息为主，北京市职业院校推进京津冀职业教育协同发展年度报告由于非强制也有一定数量的学校没有提交，京津冀职业院校教育质量年度报告目前主要收集并分析了北京市的职业院校而且还不包括 2015 年的学校报告。虽然除官方报告之外，本报告还通过搜索工具、实地参与以及其他途径获取了一些信息，但仍避免不了部分信息的遗漏。

三是本报告假设京津冀职业院校会主动公开其参与京津冀职业教育协同发展活动的信息，而这些信息通过网络途径可以获取。其实，这个假设本身可能并不完全成立，有些职业院校可能实际参与了相关活动但并未主动公开，有些职业院校甚至未开设官方网站。当然，这样的信息无法统计。

（二）基于现有数据还可以做进一步的统计和归因分析

虽然本报告采用的基础数据并不完善，但数据量仍然是目前可以得到的相对比较大的。基于这些数据，还可以做进一步的分析，比如可以分析河北省各地级市与北京市地理空间的距离不同是否与其辖区内职业院校参与度有关系，也可以探讨京津冀三地职业院校的参与度背后的原因以及中等和高等职业学校参与度差异背后的原因。这些进一步的研究有助于更加清晰地认识和理解数据背后的信息。

（三）建议持续开展京津冀职业教育协同发展监测和研究

建议政府部门、规划课题立项管理机构、其他组织以委托任务、规划课题、研究项目等形式，资助研究机构或专业研究者持续监测京津冀职业教育协同发展实践状况，加强数据采集、实地调查、个案研究、同行交流、形势研判和对策设计，以更精准地服务职业教育领域内的京津冀协同发展，提高职业教育服务区域人才、经济和社会发展的贡献力。

四 进一步推进京津冀职业教育协同发展的对策建议

（一）将工作指导方针从鼓励全面探索调整为寻求重点突破

近9年来，京津冀三地四方各级政府（含教育部）、职业院校、相关行业组织、社会机构、专家学者在京津冀职业教育协同发展的政策、实践和理论三个方面，做了较为全面的探索，取得了不同程度的进展。根据京津冀协同发展和京津冀职业教育协同发展的形势与需求，从整体考虑，建议京津冀职业教育协同发展工作的指导方针从鼓励全面探索调整为寻求重点突破，推动发展方式的阶段性转变。

一是从校际、一般性的合作办学到开展高端技术技能人才联合培养、联合招生试点项目。在跨省市"3+2"联合培养试点的基础上，选择重点专业和主体学校，适时开展京冀职业院校"3+2+2"等形式的人才联合培养实验论证工作，推动京冀职业院校合作项目落地、做实。试点纳入河北省招生计划，以京冀合作院校名义共同招生。参与试点的院校要组织专家共同研究，一体化设计人才培养方案，并完成审核报备，经批准后实施。项目院校要加强师资、实训条件配备。

二是推动京津冀职业教育联盟（集团）做实、做精、做深。研制相关标准，从已形成的京津冀交通、电子信息、商贸、艺术、卫生、信息安全、现代物流管理、京保石邯、"通武廊"等职业教育联盟（集团）中遴选出若干个愿做事、会做事、做实事的联盟（集团），给予公开表彰、专项经费、课题研究、将牵头校纳入未来重大职业教育建设项目遴选范围等支持。配合京津冀新产业布局，优化职业教育专业布局，逐步形成龙头专业，提高人才培养能力。

三是重点支持北京经济管理职业学院，利用其地处固安县的校区建设京津冀职教协同改革示范区。通过政策支持，鼓励其建设成为产城教融合发展试验区、教育强市重要支撑点、京津冀职业教育协同发展示范区，带动大兴区、固安县、涿州市、保定市、雄安新区职业教育改革创新。

（二）在推动人才联合培养培训的同时，积极推动京津冀职业教育助力河北省乡村振兴

加大农村电商专业职业教育与技能培训的工作力度。一是指派专门的专业教师，联合合作企业的技术或销售人员，增加对电子商务专业在读学生的实战性教学指导，提高其网络销售的成功率和可持续性，增加收入。二是调整农村会计、乡村旅游、乡村文化创意、计算机网络技术、中西餐、汽车维修等专业的人才培养方案或课程课时安排，提前安排这些专业学生学习农村电商专业技能，以提高其帮助家庭增加收入的能力。三是增加北京市高职院校对河北生源农村电商专业的招生计划。四是拓展地处涿州的北京财贸职业学院京冀创新教育学院电子商务实习实训中心的功能，将其服务范围从保定市扩大到河北省。由北京市教育委员会协商北京市财政局、保定市教育局，将该中心确定为公共实训基地，增加经费投入，提高设施设备水平，提升服务农村商务专业学生和农户就业创业能力。

京津冀三地教育行政部门和有条件的职业院校要积极配合河北省当地有关部门，盯紧脱贫不稳定户和边缘户，持续和定制化做好技能培训和提升工作。重点在"扶贫扶智扶技，治贫治愚治本"中的"扶智扶技、治愚治本"上下功夫、做文章，讲好职教故事，注重扶

志，更新思维模式，改变贫困人员单纯"等靠要"和仅靠单一技能不可持续的情况。职业院校要"发挥专业、师资、技术技能培训等优势，加强就业创业技能培训，助力县域或村域产业振兴、百姓脱贫。加强民间传统工艺等技术交流培训，助力文创产业发展，以文创强化文化，以文化促进产业，以产业带动社会文明"，继续推广北京市昌平职业学校帮助开发康陵"春饼宴"的模式。京津冀职业教育协同发展应当从输出师资向输出管理、课程、理念转变，面向贫困地区开展优质数字资源共享和远程授课对口支援，切实做好京津冀职业教育协同发展与产教融合长期稳定增收行动"大文章"。

参考文献

方中雄主编《京津冀教育发展研究报告（2017~2018）——疏解与承接》，社会科学文献出版社，2018。

方中雄、桑锦龙主编《京津冀教育发展报告（2019~2020）——面向2035》，社会科学文献出版社，2021。

方中雄、冯洪荣主编《京津冀教育发展报告（2021~2022）——"十三五"回顾与"十四五"展望》，社会科学文献出版社，2022。

地 区 篇
Regional Reports

B.6
高质量发展背景下北京高校国际化
发展现状、路径与建议[*]

张优良 黄 敬 曹智奇 马桐菲**

摘 要： "四个中心"是北京的功能定位和战略目标，构建首都高质
量教育体系是北京建设"四个中心"的重要支撑。基于北
京高校的公开数据以及典型案例的资料，研究发现北京高
校的世界排名普遍提升，但国际研究合作亟待加强；来京
留学生规模基本保持稳定，但生源以亚洲和非洲学生为主；

* 本报告系北京市教育委员会科学研究计划项目（SM202010005002）的阶段性
成果。
** 张优良，北京工业大学文法学部高等教育研究院副研究员、副院长，主要研究领
域为高等教育国际化、高等教育组织与管理；黄敬（通讯作者），香港岭南大学
研究助理教授，主要研究领域为学校心理学、学生发展、阅读与写作；曹智奇，
北京工业大学文法学部高等教育研究院硕士研究生，主要研究领域为来华留学生
教育与管理；马桐菲，北京工业大学文法学部高等教育研究院硕士研究生，主要
研究领域为高等教育国际化、教师发展。

中外合作办学层次提升，但办学主体以部属高校为主；北京高校通过多种途径广聚英才，但外籍教师比例仍然偏低。新时期，北京高校通过国际化路径打造高质量教育体系，必须推动外循环与内循环、顶层设计与基层创新、形式借鉴与制度内化、单向学习与多维互动有效结合。

关键词： "四个中心" 高质量发展 高校 国际化 北京

引 言

"四个中心"是北京的功能定位和发展目标，推动高质量发展是北京建设"四个中心"的必由之路。2014年2月，习近平总书记在北京考察工作时，明确了对北京的核心功能定位，即全国政治中心、文化中心、国际交往中心、科技创新中心，要求努力把北京建设成为国际一流的和谐宜居之都。[①] 2017年9月，《北京城市总体规划（2016年—2035年）》中指出，北京的一切工作必须坚持"四个中心"的城市战略定位，"有所为、有所不为"。推动高质量发展是我国"十四五"时期经济社会发展的主旋律。2020年10月，党的十九届五中全会明确提出以"推动高质量发展"为主题，强调"建设高质量教育体系"。2021年3月，《中华人民共和国国民经济和社会发展第十四个五年规划和2035年远景目标纲要》提出，"十四五"时期要建设高质量教育体系。[②] 中

---

① 朱竞若、贺勇、王昊男：《奋力开创首都发展更加美好的明天（沿着总书记的足迹·北京篇）》，《人民日报》2022年6月27日，第1版。

② 《中华人民共和国国民经济和社会发展第十四个五年规划和2035年远景目标纲要》，中国政府网站，2021年3月13日，http://www.gov.cn/xinwen/2021-03/13/content_ 5592681. htm。

国高等教育的发展正处于一个关键期，发展重点不再是规模扩张和数量增长，推动教育高质量发展的关注点应该从数量转向质量，更加强调效能和品质。[①]

近年来，北京市政府致力于在教育、经济、社会等各领域探索高质量发展的路径，推动北京"四个中心"功能建设。《北京市"十四五"时期教育改革和发展规划（2021—2025 年）》提出，到 2025年，全面构建首都高质量教育体系，实现更高水平、更具影响力的教育现代化，全面支撑首都"四个中心"功能建设。[②] 推动高质量发展，提升办学质量，建设成为一流大学成为多数北京高校的发展目标。在此背景下，北京高校开展了一系列国际化实践活动，比如开展科研国际合作、发展来华留学教育、中外合作办学以及招聘海外高层次人才等。[③] 值得注意的是，北京高校国际化的实践在取得显著成效的同时，也存在一些问题和挑战。本报告将系统梳理北京高校国际化的发展现状以及实施路径，并为推动北京高校国际化发展提出政策建议。

一 成绩和挑战

（一）北京高校的世界排名普遍提升，但国际研究合作亟待加强

如表 1 所示，根据 2020~2023 年 QS 世界大学排名结果，北京高

---

① 彭刚、杨锐、李曼丽：《世界一流大学建设》，《清华大学教育研究》2022 年第3 期。

② 《北京市"十四五"时期教育改革和发展规划（2021—2025 年）》，北京市人民政府网站，2021 年 9 月 30 日，http://www.beijing.gov.cn/zhengce/zhengcefagui/202110/t20211008_ 2507725.html。

③ 王绽蕊、〔德〕乌尔里希·泰希勒（Ulrich Teichler）、张优良主编《高等教育国际化：全球视野与中国选择》，科学出版社，2021。

校的世界排名实现了较大幅度的提升。一方面，从上榜的大学数量来看，位居前 1000 名的北京高校在 2020 年为 10 所，2021 年为 12 所，2022 年为 14 所，2023 年则上升到 17 所。另一方面，从上榜高校的位次来看，北京高校在 QS 排行榜上的位次大体上呈现上升趋势。比如北京理工大学，2021 年为 392 名，2022 年为 373 名，2023 年为 355 名。以北京大学和清华大学为代表的中国顶尖高校在国际上的排名也实现了突破，尤其是北京大学，2020 年排名第 22，2023 年跃居全球第 12 名。值得注意的是，北京市属高校中仅北京工业大学位居前 1000 名，国际排名位于 650~800 名。

表 1　2020~2023 年北京部分高校 QS 排名

学校	2020 年	2021 年	2022 年	2023 年
北京大学	22	23	18	12
清华大学	16	15	17	14
北京师范大学	277	279	270	262
北京理工大学	—	392	373	355
北京航空航天大学	462	449	383	443
北京科技大学	462	446	414	428
北京化工大学	—	—	—	521~530
中国石油大学	—	—	—	541~550
中国农业大学	651~700	701~750	601~650	591~600
中国地质大学	—	571~580	521~530	651~700
中国人民大学	531~540	581~590	601~650	601~650
北京工业大学	701~750	651~700	701~750	751~800
北京交通大学	701~750	751~800	801~1000	801~1000
北京外国语大学	801~1000	801~1000	801~1000	801~1000
北京中医药大学	—	—	801~1000	801~1000
北京邮电大学	—	—	801~1000	801~1000
中国矿业大学	—	—	—	801~1000

资料来源：根据 QS 世界大学排名整理。

2023 年 QS 世界大学排名除使用学术声誉、雇主声誉、单位教员论文引文数、师生比例、国际教师数及学生比例之外，新增了国际研究网络（International Research Network）和就业成果（Employment Outcomes）指标。其中，国际研究网络用以测量大学的国际科研合作伙伴的丰富程度，该指标主要参考联合发表论文的情况。由表 2 可知，北京高校在国际研究网络方面的得分较低，与世界一流大学有较大的差距。综合排名位居全球第 12 的北京大学，国际研究网络的排名也仅为第 354 名，与世界前 5 名的高校在该项上的得分相差 20 分左右，并且北京大学的位次已经是中国高校在该项指标上取得的最高位次。这说明中国高校亟待加强国际研究合作。

表 2　北京高校与世界名校在 2023 年 QS 排名中国际研究网络得分的比较

学校	2023 年QS 世界排名	国际研究网络	
		得分（分）	排名
麻省理工学院	1	96.1	58
剑桥大学	2	99.5	6
斯坦福大学	3	96.3	55
牛津大学	4	99.9	3
哈佛大学	5	100	1
北京大学	12	77.5	354
清华大学	14	75.5	381
北京师范大学	262	69.8	462
北京理工大学	355	63.4	528
北京航空航天大学	443	56.2	601+
北京科技大学	428	52.1	601+
北京化工大学	521~530	29.7	601+
中国石油大学	541~550	18.7	601+
中国农业大学	591~600	49.2	601+
中国地质大学	651~700	25.9	601+
中国人民大学	601~650	52.4	601+
北京工业大学	751~800	25.6	601+
北京交通大学	801~1000	3.6	601+
北京外国语大学	801~1000	47.4	601+
北京中医药大学	801~1000	10.7	601+
北京邮电大学	801~1000	24.2	601+
中国矿业大学	801~1000	35.6	601+

资料来源：根据 QS 世界大学排名整理。

（二）来京留学生规模基本保持稳定，但生源以亚洲和非洲
学生为主

自新冠疫情发生之后，北京高校外国留学生（学历教育）在校生人数虽有所下降，但基本保持了稳定的态势。其中，2019 年外国留学生（学历教育）在校生人数为 30017 人，2020 年为 29400 人，2021 年为 27137 人。受新冠疫情以及入境政策影响较大的主要是非学历教育（培训）。其中，2019 年在北京高校的外国留学生（非学历教育）人数为 20743 人，2020 年下降至 9891 人，2021 年则仅为 4112人。[①] 由表 3 可知，北京高校外国留学生（学历教育）在校生中，本科生和硕士研究生比例有所下降，但是博士研究生人数大体上保持稳定，且比例呈现小幅度的提升趋势。

表 3　2019~2021 年北京高校外国留学生（学历教育）在校生人数

单位：人，%

学历层次	2019 年		2020 年		2021 年	
	人数	比例	人数	比例	人数	比例
专科	225	0.7	140	0.5	422	1.6
本科	15512	51.7	15512	52.8	13856	51.1
硕士研究生	9524	31.7	9005	30.6	8149	30.0
博士研究生	4756	15.8	4743	16.1	4710	17.4
总计	30017	100	29400	100	27137	100

资料来源：《教育事业发展统计概况》，北京市教育委员会网站，http：//jw. beijing. gov. cn/xxgk/shujufab/tongjigaikuang/。

由表 4 可知，北京高校外国留学生（学历教育）招生数呈现下降趋势。其中，本科生招生数下降幅度最大，2021 年相对于

---

① 《教育事业发展统计概况》，北京市教育委员会网站，http：//jw. beijing. gov. cn/xxgk/shujufab/tongjigaikuang/。

2019 年减少了 2233 人，比例下降了 5.7 个百分点。硕士研究生的比例，由 2019 年的 39.5%提升至 2021 年的 42.1%。博士研究生的比例则逐年提升，2019 年为 10.3%，2020 年为 11.4%，2021 年为 13.1%。这体现出来京留学教育结构实现了优化。可见，尽管新冠疫情对于全球学生流动有深远的影响，但是外国留学生到北京高校接受学历教育的态势整体上是稳定的，尤其是博士生教育。这显示出，即使处于新冠疫情时期，北京高校对国际学生仍然具有较强的吸引力。

表 4　2019~2021 年北京高校外国留学生（学历教育）招生数

单位：人，%

学历层次	2019 年		2020 年		2021 年	
	人数	比例	人数	比例	人数	比例
专科	88	0.8	47	0.6	79	1.1
本科	5230	49.3	4211	50.5	2997	43.6
硕士研究生	4192	39.5	3128	37.5	2895	42.1
博士研究生	1095	10.3	950	11.4	899	13.1
总计	10605	100	8336	100	6870	100

资料来源：《教育事业发展统计概况》，北京市教育委员会网站，http：//jw.beijing.gov.cn/xxgk/shujufab/tongjigaikuang/。

如表 5 所示，2019~2021 年，来自不同大洲的外国留学生的比例发生了显著的变化。来自亚洲以及非洲的学生所占比例在 2019~2021 年呈现逐渐增加的趋势，其中，来自亚洲的留学生比例分别为 51.2%、56.2%和 60.1%；来自非洲的留学生比例分别为 9.8%、12.0%和 16.8%，从 2019 年第四位跃升至 2021 年的第二位。来自欧洲以及北美洲的学生所占比例则呈现递减的趋势，其中，来自欧洲的学生比例从 2019 年的第二位下降至 2021 年的第三位，来自北美洲的学生比例从 2019 年的第三位下降至 2021 年的第四位。来自不同大洲的学生比例的变化，可能与国家政策有关，同时受到地缘政治以及国

际关系的影响。比如中国近年来大力实施"一带一路"倡议，2016
年教育部颁布了《推进共建"一带一路"教育行动》，努力把中国打
造成为深受沿线各国学子欢迎的留学目的地国。① 近年来，欧美部分
国家和地区将中国视为竞争对手而非合作伙伴，致使中国与美国、欧
盟、澳大利亚的关系紧张，这些都是阻碍学生流动的不利因素。②

表5 2019~2021年来自各大洲的北京高校外国留学生占比

单位：%

大洲	2019年	2020年	2021年
亚　洲	51.2	56.2	60.1
非　洲	9.8	12.0	16.8
欧　洲	23.6	18.9	12.3
北美洲	11.0	7.6	7.3
南美洲	1.9	2.5	2.1
大洋洲	2.5	2.9	1.5

注：2019年和2020年数据包括学历教育与非学历教育数据，2021年数据仅为学历教育数据。

资料来源：《教育事业发展统计概况》，北京市教育委员会网站，http://jw.beijing.gov.cn/xxgk/shujufab/tongjigaikuang/。

（三）中外合作办学层次提升，但办学主体以部属高校为主

由表6可知，北京高校的中外合作办学，开展本科生、研究生教育的机构和项目数均有所增加，尤其是研究生教育层面的增长数量和幅度更大。这表明北京高校中外合作办学的层次提升，加大了研究生教育国际合作的力度。

---

① 《教育部关于印发〈推进共建"一带一路"教育行动〉的通知》，中华人民共和国教育部网站，2016年7月13日，http://www.moe.gov.cn/srcsite/A20/s7068/201608/t20160811_274679.html。

② 解楠楠、张晓通：《"地缘政治欧洲"：欧盟力量的地缘政治转向?》，《欧洲研究》2020年第2期。

表6 北京地区高校中外合作办学机构和项目数

单位：个，项

年份	机构数		项目数	
	本科层面	研究生层面	本科层面	研究生层面
2019	3	5	32	35
2022	4	8	33	38

资料来源：中华人民共和国教育部中外合作办学监管工作信息平台。

由表7可知，至2022年，北京地区中外合作办学机构开展本科项目的有4个机构，包括北京工业大学北京-都柏林国际学院、北京航空航天大学中法工程师学院、中国传媒大学国际传媒教育学院、北京化工大学巴黎居里工程师学院；开展研究生项目的有8个机构，包括北京航空航天大学中法工程师学院、中国传媒大学国际传媒教育学院、北京化工大学巴黎居里工程师学院、长江商学院、中国政法大学中欧法学院、中国科学院大学中丹学院、北京理工大学北理鲍曼联合学院、中国农业大学巴西圣保罗大学联合学院。其中，同时开设本科项目和研究生项目的机构包括北京航空航天大学中法工程师学院、中国传媒大学国际传媒教育学院、北京化工大学巴黎居里工程师学院。在这些机构中，中国政法大学中欧法学院和中国科学院大学中丹学院除了开展硕士研究生项目，还开展了部分博士研究生项目。

表7 北京地区中外合作办学机构

名称	成立年份	开展本科项目	开展研究生项目
北京工业大学北京-都柏林国际学院	2012	√	
北京航空航天大学中法工程师学院	2005	√	√
中国传媒大学国际传媒教育学院	2013	√	√
北京化工大学巴黎居里工程师学院	2017	√	√
长江商学院	2002		√

名称	成立年份	开展本科项目	开展研究生项目
中国政法大学中欧法学院	2008		√
中国科学院大学中丹学院	2011		√
北京理工大学北理鲍曼联合学院	2021		√
中国农业大学巴西圣保罗大学联合学院	2022		√

资料来源：中华人民共和国教育部中外合作办学监管工作信息平台。

举办中外合作办学项目的北京高校，部属高校占主导地位，市属高校偏少，且北京没有高职高专类院校举办中外合作办学项目。2022年，共有33个本科教育中外合作办学项目，其中北京市属高校开设的项目只有8个，包括北京农学院与英国哈珀亚当斯大学合作举办的国际经济与贸易专业项目、食品科学与工程专业项目，北京农学院与澳大利亚伊迪斯科文大学合作举办的农业资源与环境专业项目，首都医科大学与澳大利亚迪肯大学合作举办的护理学专业项目，北京建筑大学与美国奥本大学合作举办的给排水科学与工程专业项目，北京工商大学与爱尔兰考克大学合作举办的应用统计学专业项目、食品科学与工程专业项目，北京联合大学与俄罗斯乌拉尔国立交通大学合作举办的轨道交通信号与控制专业项目。同年，共有38个研究生教育中外合作办学项目，其中北京市属高校开设的项目仅3个，包括首都师范大学与澳大利亚弗林德斯大学合作举办的教育硕士项目，北京城市学院与英国华威大学合作举办的管理硕士项目，北京信息科技大学与美国奥克兰大学合作举办的电子信息专业硕士项目。

（四）北京高校多途径广聚英才，但外籍教师比例仍然偏低

近年来，北京高校普遍加大了引进海外高层次人才的力度，通过举办国际论坛、"云端"招聘等形式，推动海内外学者了解北京高校的人才政策以及科研平台建设情况，增强北京高校对于全球人才的吸引

力。比如北京邮电大学于 2021 年 10 月举办第五届信息科技国际青年学者论坛，将其打造为延揽海外英才的重要平台。北京邮电大学 2021 年新聘海外留学归国人才数是 2020 年的 2.5 倍。[①] 2021 年 11 月，北京工业大学举办第五届国际青年学者"日新论坛"。2021 年 12 月，北京师范大学举办 2021 年京师青年学者论坛，分别设置北美专场和欧洲专场，吸引了 900 余名国内外知名高校青年学者参加。首都经济贸易大学自 2021 年开始举办国际青年学者云招聘，通过"云端"的形式吸引海（境）内外优秀人才。调查显示，海外高层次人才到北京高校和科研机构工作的意愿较高，北京高校对于人才具有较强的吸引力。[②]

随着中国经济实力的增强以及国际影响力的提升，我国逐渐成为国际人才的向往之地，外国人才集聚的态势逐年增强。我国的人才选择基数已经从以往中国的 13 亿人转向全球的 70 亿人。[③] 近年来，国家放宽了引进外籍人才的诸多限制，涉及外国人签证、入境出境、停留居留等方面。政府赋予了高校、科研机构和企业等各类用人主体更大的自主权，北京高校不断加大对外籍教师的招聘力度，但是外籍教师的比例仍然较低。根据教育部 2020 年教育统计数据，全国有高等教育专任教师 183.3 万人，其中外籍教师 1.77 万人，外籍教师占比仅为 0.97%。[④] 根据搜集到的北京高校的数据，如表 8 所示，2020 年北京

① 《北京邮电大学年度报告 2021》，北京邮电大学网站，https：//www. bupt. edu. cn/bygk/zjby/ndbg/a2021. htm。

② Mok，K. H.，Zhang，Y.，Bao，W.，"Brain Drain or Brain Gain：A Growing Trend of Chinese International Students Returning Home for Development. " in Mok，K. H.，ed.，*Higher Education，Innovation and Entrepreneurship from Comparative Perspectives* (Higher Education in Asia：Quality，Excellence and Governance. Springer，Singapore，2022）.

③ 王辉耀：《选才基数，从"13 亿"变"70 亿"》，《人民日报》2017 年 2 月 9 日，第 5 版。

④ 中华人民共和国教育部发展规划司编《中国教育统计年鉴 2020》，中国统计出版社，2021。

大学的外籍教师的比例为 9.8%。而以语言文化教育和语言文化研究为特色和优势的北京语言大学，外籍教师的比例也仅约为 9.1%。外籍学者的集聚效应还没有形成，存在规模小和流动率高等问题。[①]

表8 北京部分高校外籍教师人数

单位：人，%

学校	外籍教师	专任教师	外籍教师占比	时间说明
北京大学	333	3401	9.8	外籍教师人数为 2020 年全职加访问；专任教师数据截至 2020 年 12 月
北京工业大学	50	2146	2.3	外籍教师为 2022 年国际及港澳台教师；专任教师数据截至 2022 年 6 月
北方工业大学	18	906	2.0	外籍教师数据为 2017 年春；专任教师数据截至 2022 年 4 月
北京农学院	19	550 多	约 3.5	2022 年
北京第二外国语学院	近 60	近 1000	约 6.0	数据截至 2022 年 5 月
北京语言大学	70 多	771	约 9.1	专任教师数据截至 2022 年 8 月
北京物资学院	3	500	0.6	数据截至 2022 年 4 月

资料来源：北京高校官方网站。

二 路径探索

（一）搭建国际合作平台，助力构建国际研究网络

通过科学研究探索知识前沿，解决人类社会面临的共性问题必

---

① 俞蕖：《中国顶尖大学外籍学者集聚现状及其制约因素探析——基于 30 所"双一流"建设高校的数据调查与分析》，《中国高教研究》2019 年第 8 期。

然要求开展国际合作。2020 年初的新冠疫情更是凸显了全球科研工作者合作攻关的重要性。改革开放之后，中国科学技术领域的发展得益于与欧美国家的合作与交流。数据显示，中国的国际合作科学论文比例从 2003 年的 15.3% 上升至 2016 年的20.3%。[①] 清华大学的国际合作论文比例从 2014 年的 22.8% 上升到 2017 年的 34.8%。[②] 然而，特朗普就任总统之后，美国政府极力推动中美科技脱钩。2018 年启动的"中国行动计划"（China Initiative），旨在应对所谓的来自中国的安全威胁，防止美国科技外泄。为了应对中美合作的危机，北京高校不断扩大国际合作对象，通过与不同区域内国家或共建"一带一路"国家合作建立科研机构或联盟的形式，努力实现互利共赢。

为了加强亚洲国家高校之间的合作，共同应对亚洲与世界面临的挑战，清华大学发起成立了亚洲大学联盟。联盟创始成员涵盖来自亚洲的 14 个国家和地区的 15 所高校。科研国际合作是亚洲大学联盟的重要活动内容。亚洲大学联盟 2018 年 3 月启动访学学者项目，至 2021 年 4 月，共支持 149 位学者到联盟成员大学内部的实验室和中心进行交流和访问，有效构建了学术交流的网络。新冠疫情发生之后，亚洲大学联盟举行校长论坛，集思广益共同商讨正在崛起的亚洲高等教育如何"转危为机"。2020 年 3 月，为了有效应对新冠疫情，清华大学制订春风基金国际科研项目支持计划，积极携手亚洲大学联盟成员高校开展抗击疫情的国际联合研究。[③]

近年来，北京高校积极响应"一带一路"倡议，加强与沿线国家的科研合作与学术交流。比如北京工商大学"巴基斯坦科技与经

① 西蒙·马金森、文雯：《大学科研的全球扩张》，《教育研究》2019 年第 9 期。

② "CWTS Leiden Ranking 2019", Leiden University, https：//www.leidenranking.com/ranking/2019。

③ 李婧：《亚洲大学联盟这四年：携手共创亚洲高等教育美好未来》，清华大学新闻网，2021 年 4 月 12 日，https：//www.tsinghua.edu.cn/info/1173/82511.htm。

济研究中心"，每年组织"一带一路"中巴科技与经济合作学术论坛，该中心在推动中巴科技合作方面发挥了重要作用。北京工业大学联合波兰奥波莱工业大学等 23 所高校推动建立了"一带一路"中波大学联盟，该联盟近年来致力于提升中国和波兰高校国际科研合作水平。[1] 北京建筑大学发起了"一带一路"建筑类大学国际联盟，该联盟以科研项目和技术创新为牵引，致力于打造跨国界协同创新平台，努力推动资金、产品和人才流动。这些组织的建立，秉持互利共赢、自愿平等、开放共享的原则，突破了国际科研合作以欧美为中心的传统模式，增强了中国高校在国际科研合作中的话语权和影响力。

（二）中外学生趋同化管理，提升国际学生培养质量

随着来华留学生规模的扩张，质量问题引起社会各界的广泛关注。为了打造留学中国品牌，推动来华留学教育提质增效，教育部于 2018 年颁布《来华留学生高等教育质量规范（试行）》，倡导高校建立健全来华留学生教育管理体制和工作机制，推进中外学生管理和服务的趋同化。基于国家政策的要求以及内涵式发展的需要，北京部分高校近年来进行了中外学生趋同化管理的探索，比如北京工业大学分别于 2020 年 4 月和 6 月，发布了《北京工业大学国际学生培养管理办法》和《北京工业大学国际学院综合改革方案》，将国际学生纳入全校整体教学质量保证体系，建立国际学生院校两级管理模式，推动中外学生的趋同化管理。[2] 其主要内容包括以下几个。

---

① 刘影、张优良：《"一带一路"倡议与中国高等教育国际化的新图景》，《清华大学教育研究》2020 年第 4 期。

② 曹智奇：《B 大学中外学生趋同化管理的制约因素及对策研究》，硕士学位论文，北京工业大学，2022。

一是培养方案和课程要求。在中外学生差异化管理模式下，北京工业大学为来华留学生制订有别于中国学生的培养计划，留学生的课程内容相对简单，考试和考核的要求也低于中国学生。在中外学生趋同化管理改革后，中外学生同班上课，要求学生达到一定的出勤率，留学生需要和中国学生参加同样的考试，以统一的标准对留学生的学业进行考核。另外，为了提升来华留学生中研究生指导的质量，北京工业大学将来华留学生导师的遴选纳入研究生院组织的研究生导师的选拔体系。

二是论文写作和毕业标准。在中外学生差异化管理模式下，北京工业大学对留学生论文写作的要求比较宽松，并不是按照与中国学生一样的标准要求。在中外学生趋同化管理改革之后，留学生的论文书写与发表要求、学术不端行为的检测、送审、答辩、学位论文抽查等各方面均与中国学生保持一致。教务处、研究生院根据中国学生的毕业要求，对符合条件的来华留学生进行毕业审核，并向学业合格的留学生授予学位证书和毕业证书。

三是学生管理和服务。在中外学生差异化管理模式下，留学生管理服务均由国际学院统一负责。在中外学生趋同化管理改革后，教务处、研究生院为国际学生（学历生）学籍和培养的管理归口部门。党委学生工作部（处）、党委研究生工作部为国际学生（学历生）事务归口管理部门。国际学院负责国际学生（学历生）的日常学籍管理、非学历教育国际学生的培养和日常管理工作。相关培养学院（部、所）按照与国内学生趋同原则，负责落实国际学生专业培养相关的专业教育规划及专业教学环节的工作，并与国际学院共同负责国际学生专业培养相关的学籍管理工作。

（三）开展境外办学，扩大高等教育国际影响力

为了扩大教育对外开放，推动中外高校深层次、宽领域合作，国

家鼓励高校赴境外办学，为高校提供充分的办学自主权，努力打破全球高等教育"从西向东"的传统输出模式，提升中国高等教育的国际影响力。教育部委托中国高等教育学会开展境外办学专项课题研究，并组织编写《高等学校境外办学指南（试行）（2019 年版）》，该指南的制定为中国高校赴境外办学提供了依据和规范。近年来，北京部分高校积极探索境外办学，开展了卓有成效的实践。目前，北京高校境外办学包括境外独立办学、中外高校合作办学、北京高校与在外国的机构合作办学等模式。①

一是北京高校境外独立办学。2018 年，北京大学汇丰商学院英国校区建立，招收的学生以国际生为主，主要来自英国及世界其他国家。作为中国在海外独立建设、自主管理的第一个实体办学机构，北京大学汇丰商学院英国校区的建立具有跨时代的意义，改变了欧美发达国家"从西向东"扩张的传统格局，有助于改变西方高等教育单向流动的趋势，推动中国高等教育走向世界舞台的中央，催生了世界高等教育"从东向西"的希望，从而促进中外高校的互学互鉴。②

二是中外高校合作办学。2015 年，清华大学联合美国华盛顿大学在美国大西雅图地区创办的创新教育平台——全球创新学院（GIX），是中国高校在美国设立的第一个实体校区。全球创新学院面向全球招生，实施学科交叉的课程培养方案，推行创新项目实践的实训培养模式。学生第一年在清华大学完成学位课程及学位论文主要研究工作之后，到 GIX 教研大楼完成其他课程学习及创新项目实践。学生在分别满足两校的培养方案的相关要求后，可被同时授

---

① 闫月勤：《中国高校"出海"如何行稳致远》，《中国教育报》2022 年 5 月 5 日，第 9 版。

② 林卫光：《北京大学英国校区正式启动》，《光明日报》2018 年 3 月 27 日，第 12 版。

予两校的学位。①

三是北京高校与在外国的机构合作办学。在外国的机构包括政府、涵盖中方企业在内的一些企业及其他相关机构，这些机构为北京高校提供境外办学的条件，北京高校则相对独立地办学。比如，北京第二外国语学院在法国夏斗湖市成立的夏斗湖学院，是与北京首都创业集团子公司中法经济贸易合作区开展合作，租赁在中法国际大学城的设施建立的。北京第二外国语学院每年选派法语、英法复语、旅游管理（运动休闲管理）、汉语国际教育（国际文化交流）等专业学生前往夏斗湖校区学习，依托法国语言文化环境进行浸润式教学，培养复语型人才及外向复合型人才。②

（四）多途径引才育才，打造高水平师资队伍

21世纪以来，我国实施人才强国战略，中央政府颁布了一系列吸引海外高层次人才的政策，同时优化出入境政策，简化审批流程，吸引外籍人才来华就业和落户。③ 地方政府也相继制定了吸引和培育人才的一系列政策。比如，北京市实施了"海聚工程"、"北京学者"计划和"长城学者"计划等，旨在引进和培养高层次人才，为北京市建设具有全球影响力的科技创新中心提供智力支撑。对于北京高校而言，中央政府和北京市政府出台的人才政策为吸引高层次人才、打造高水平的师资队伍提供了有利条件。我国有志于实现由高等教育大国向高等教育强国的转变，并实施了"双一流"建设计划。北京高

---

① 《项目介绍》，清华大学全球创新学院（GIX）网站，https：//gix.tsinghua.edu.cn/zs1/xmjs.htm#posi_1。

② 《法国夏斗湖海外办学项目介绍》，北京第二外国语学院网站，2016年10月10日，http：//jwcweb.bisu.edu.cn/art/2016/10/10/art_12321_126829.html。

③ 《中国吸引国际技术人才的政策与实践比较研究报告》，国际劳工局和国际移民组织，2017，第12~20页。

校普遍将建设成为一流大学作为学校发展的战略目标，并运用多种途径汇聚高层次人才。①

近年来，北京高校加大了引进海外人才的力度，纷纷到欧美知名高校和国际学术年会上招聘高层次人才。比如首都经济贸易大学自2012年开始，每年由学校领导带队到美国经济学年会和管理学年会设置招聘专场，现场接收简历并进行面试，大批海外人才加盟该校，优化了师资队伍的结构。为了最大限度地发挥海外人才的集群优势，首都经济贸易大学还专门成立了国际经济管理学院，对海外人才实施终身教职制度，构建与海外高校类似的学术环境，推进国际人才培养和高端科研产出的试点。② 对于无法全职服务的高层次人才，北京高校讲求"不为所有，但求所用"的原则，积极探索更为灵活多样的聘用形式。比如首都经济贸易大学将一些院士和国内及国际知名学者聘为特聘教授、讲座教授或（海外）学术院长等，旨在最大限度地汇聚人才，助力其建设成为高水平研究型大学和"国内一流、国际知名"财经大学。

三 政策建议

新时期，北京高校的国际化必须坚持高质量发展之路，全力打造高质量教育体系，服务于北京"四个中心"的功能定位和发展目标。北京高校通过国际化路径推进高等教育高质量发展，必须明确传统国际化模式存在的不足，研究如何打造新型国际化模式。本报告认为，北京高校打造新型国际化模式必须处理好以下四组关系。

---

① 张优良、黄立伟：《改革开放 40 年中国高校国际化的成就与挑战》，《北京工业大学学报》（社会科学版）2019 年第 1 期。

② 张优良：《地方高水平大学国际化改革研究》，科学出版社，2020。

（一）外循环与内循环相结合

国际化的理想状态是中外之间通过友好合作实现互利共赢。随着中国的崛起，美国对中国的发展持有较为负面的认识，开始将中国设定为主要竞争对手，而不是互利共赢的合作伙伴。因此，美国联手欧洲、澳大利亚、日本等遏制中国的科技发展，阻断与中国正常的科技和教育交流，严重影响了中国在教育科技领域的外循环体系的构建。为了最大限度地降低地缘政治等因素对外循环体系的不利影响，中国必须努力构建科技发展的内循环体系，促进中国不同区域之间、不同类型的高校之间、产学研之间的合作交流。比如，推进粤港澳大湾区国际科技创新中心建设，通过京港大学联盟等推进北京高校和香港高校在人才培养、科学研究和社会服务等方面全面深入合作。

（二）顶层设计与基层创新相结合

建设国际交往中心，服务国家开放大局，建设具有全球影响力的大国首都，这是北京市的战略定位。政府部门围绕"四个中心"建设出台的政策，主要是对各职能部门和社会组织的宏观指导。对于如何有效落实国家政策，如何从国际交往服务机制、功能区建设、平台打造、要素引聚、环境提升等方面助力北京市国际交往中心建设，并没有具体的要求。本报告认为，北京高校需要充分发挥主观能动性，切实分析北京市建设国际交往中心的战略定位对于高等教育的客观需要，结合自身的特长，有针对性地制定新时期的发展规划，并采取相应的实施方案。对于高校内部而言，基层院系和教学科研人员同样需要增强创新意识，助力学科和学校国际化发展。

（三）形式借鉴与制度内化相结合

中国自改革开放以来，积极学习国际先进经验，努力实现自身的跨越式发展。中国高校与外国高校开展交流，旨在学习办学经验，借鉴办学模式。政府部门和科研机构为了推动中国高校的国际化，尝试构建国际化指标体系，包括外语授课课程数量、国际课程数量、外籍教师数量、国际合作交流数量等指标。[①] 中国高校也多以这些数量指标为导向在形式上学习外国高校，开展国际化活动。但这种形式上的学习和借鉴是浅层次的，要想真正推动中国高校国际化发展，必须学习先进的办学理念和制度体系。[②] 这种学习不是简单的拿来主义，而是结合中国的实际进行本土化改造，走出"食洋不化"的窠臼。

（四）单向学习与多维互动相结合

近代以来，中国意识到在科技领域落后于西方国家，国家和各界有志之士希望通过学习西方的技术推动中国的发展。改革开放以来，中国高校开始大规模与发达国家互动，派遣学生学习先进知识，这种国际化模式属于与发达国家的单向互动。严格意义上而言，对中国，其实质近乎"西方化"。对与非西方国家高校的合作与交流，包括北京高校在内的中国高校没有足够重视。[③] 在实际走访中，有北京高校国际处领导坦言，巴基斯坦是中国的兄弟国家，但是中国高校与巴基斯坦的高校之间的合作并不密切。中国高校亟待与共建"一带一路"国家的高校开展深入的合作，通过科研合作共同解决发展中国家面临的挑战，通过人文交流促进民心相通，从而真正践行构建人类命运共同体的理念。

---

① 马万华、张优良：《全球视野中的院校国际化理论构建》，《高校教育管理》2018 年第 4 期。

② 阎凤桥、闵维方：《从国家精英大学到世界一流大学：基于制度的视角》，《北京大学教育评论》2017 年第 1 期。

③ 马万华、张优良：《"一带一路"战略下北京市属本科院校国际化调查分析》，《中国高教研究》2016 年第 2 期。

B.7
推进天津教育高质量发展的
条件基础与战略设计

张　伟*

摘　要： 推动教育高质量发展，既是适应国家重大战略和经济社会发展新常态的主动选择，也是适应社会主要矛盾变化、办好人民满意教育的必然要求。本报告在明确教育高质量发展的概念表述和内涵要求前提下，认真总结分析天津教育高质量发展的优势与短板，对比教育高质量发展的内在要求和国家、兄弟省市的战略目标，坚持问题导向、目标导向和需求导向，锚定顶层规划设计的重点领域和关键环节，贴近天津经济社会发展需求和教育发展实际，聚焦人民群众对更高品质生活的需求，灵活运用多种研究方法，分析了未来一段时间天津教育高质量发展的战略目标与关键指标，提出了包括加强党对教育工作的全面领导、健全"五育并举"育人体系等在内的八个方面的重点任务和思路举措，以建设高质量教育体系，办好人民满意的教育，为全市各领域高质量发展提供强有力的人才和智力支撑。

关键词： 教育　高质量发展　天津

---

　* 张伟，天津市教育科学研究院教育法治与发展规划研究所副研究员，主要研究领域为教育发展战略政策与规划、教育财政、智库理论与实践。

教育兴则国家兴，教育强则国家强。十三届全国人大四次会议审议通过《中华人民共和国国民经济和社会发展第十四个五年规划和2035年远景目标纲要》。在"十四五"期间乃至更长一段时期，以教育高质量发展为主题，建设高质量教育体系、办好人民满意的教育，成为天津的教育发展目标。

一 教育高质量发展的概念表述及内涵要求

（一）概念表述

教育是国之大计、党之大计。推动教育高质量发展，既是适应国家重大战略和经济社会发展新常态的主动选择，也是适应社会主要矛盾变化、办好人民满意教育的必然要求，必须以新发展理念为引领，让每个孩子都能享有公平而有质量的教育，不断提升人民群众的教育获得感、满足感和幸福感。

所谓教育高质量发展，就是能够很好地满足人民日益增长的美好生活需要的发展，是体现新发展理念的发展，是创新成为第一动力、协调成为内生特点、绿色成为普遍形态、开放成为必由之路、共享成为根本目的的发展。从伦理维度上，它要体现公平、以人为本；从专业维度上，它要体现全面发展和创新发展；从技术维度上，它要体现智能化；从治理维度上，它要体现活力，能够激发教育主体的主动性和创造性。

从宏观来讲，教育高质量发展是对教育发展状态、满足特定对象需求的程度的一种事实与价值判断，是在新发展理念引领下全面转变教育发展方式、优化教育结构、转换增长机制，从"数量适应"转向"质量满意"、从"规模扩张"转向"结构优化"、从"要素驱动"转向"创新驱动"的发展。它意味着教育在"质"与"量"两个维度上达到优质状态，表现为从符合性质量、适用性质量到满意性质量的提升。它既涉及教育增长方式和路径的转变，也是一个教育体制改革和机制转换的过程。

（二）内涵要求

具体而言，教育高质量发展最显著的形态是高质量、高效率和高稳定性的供给体系；最显著的特征是阶段性、动态性，是一种持续性的发展、渐进性的发展和系统性的发展；最显著的标志是人民群众对教育的满意度更高，教育基础更扎实、体系更完善、质量更一流、规则更公平、成果更普惠，为经济社会发展持续提供强有力的人才保障、智力支撑、技术服务和文化引领。内涵要求应包括以下几个方面。

1. 公平发展的质量更高

基本消除区域、城乡、学校之间教育不公平现象，增强教育制度供给的充分性与平衡性，建立健全"兜底"机制、保障机制，优化改进分享机制和动力机制。

2. 均衡发展的质量更高

立足全市教育布局差异和区域发展不均衡现实，科学规划区域教育发展空间布局，落实区域协调发展战略，健全区域教育协调发展体制机制，构建城乡一体化均衡发展新格局，优化整体教育发展格局。

3. 全面发展的质量更高

全面贯彻党的教育方针，落实立德树人根本任务，促进德智体美劳"五育"并举、全面发展。全面深化教育改革，破除影响教育改革发展的各方面体制机制障碍和弊端。

4. 优质发展的质量更高

发挥现有教育资源的要素潜力，实现各类教育投入产出效益最大化，使各类教育要素边际生产率与边际收益达到最优，促进教育发展制度、发展过程、发展方式最优化。

5. 创新发展的质量更高

实施创新驱动发展战略，培育新动能，突出问题导向，统筹兼顾、综合施策、提前布局，补齐制度短板，破除路径依赖，打破固化行为结构，激发教育创新活力。

6. 安全发展的质量更高

坚决落实好为党育人、为国育才的责任和使命，实施课程思政、"三全"育人，给学生以正确的理想信念引领、爱国情怀培育、高远志向熏陶、奋斗精神培养和个人修养锤炼，使其成为立志担当民族复兴大任的时代新人。

二 天津教育高质量发展的优势和短板

近年来，在天津市委、市政府的领导下，教育系统坚持以习近平新时代中国特色社会主义思想为指导，全面贯彻党的教育方针，落实立德树人根本任务，学前三年毛入园率达到 92.3%，义务教育巩固率超过 99%，高中阶段教育毛入学率超过 98%，高等教育毛入学率超过 65%，新增劳动力平均受教育年限达到 15.5 年，教育普及程度、教育能力、发展水平位居全国前列，达到中高收入国家平均水平，步入高质量发展的新阶段。

（一）发展优势

1. 党的领导全面加强

坚持把党的政治建设摆在首位，成立市委教育工作领导小组，出台《习近平新时代中国特色社会主义思想统领教育工作的实施意见》等系列文件，落实高校党委领导下的校长负责制，率先推进中小学党组织领导的校长负责制试点，实施组织力提升工程、高校党建工作领航工程，严格落实基层党建工作责任制、意识形态责任制，推进全面从严治党向纵深发展，党领导教育工作的组织体系和体制机制更加健全。

2. 立德树人成效明显

全面贯彻党的教育方针，推动思政工作守正创新，率先实现学校思政工作经费、编制、政策"三落实"；率先实现高校专职思政课教师和辅导员配备"双达标"；率先实现习近平新时代中国特色社会主义思想课程建设全覆盖、全贯通；率先构建大中小幼思政一体化工作机制，入选国家首批"三全育人"综合改革试点省市，成为全国"大思政课"建设综合改革试验区；率先将生态文明教育纳入国民教育体系，加强学校体育、美育和劳动教育，中小学生体质健康优良率达到43.6%。

3. 基础教育更加均衡优质

获批基础教育综合改革实验区。学前三年毛入园率、普惠性幼儿园覆盖率、公办园在园幼儿占比均达到县域学前教育普及普惠指标要求的区增至12个。深入实施义务教育优质均衡发展三年行动，两年新增学位9.8万个，改扩建中小学体育场馆63.8万平方米，租赁共享中小学体育场馆139.6万平方米。推进基础教育优质资源辐射引领工程，基本公共教育服务体系不断完善优化。遴选30所品牌高中和34所强校工程建设培育学校，通过示范引领带动全市普通高中教育发展。坚持以试点城市标准、质量、进度推进"双减"工作，完成校外培训机构从业人员、预收费、非学科类校外培训收费、假期违法违规培训专项排查整治，"双减"各项指标均位居全国前列，形成一批在全国具有示范性引领性的制度、标准和经验做法。

4. 职业教育优势更加突出

与教育部共同举办首届世界职业技术教育发展大会。全面完成国家现代职业教育改革创新示范区建设任务，与教育部共建新时代职业教育创新发展标杆，在行业办学、产教融合等方面特色鲜明。挂牌成立我国首个本科层次的中德应用技术大学，打通高端技术技能人才上升通道，构建起纵向贯通、横向融通的现代职业教育体系。7 所高职院校、10 个专业群入选全国"双高"计划，大力推进"1+X"证书制度改革试点，获批 17 个教育部现代学徒制试点单位。持续深化职业教育教师、教材、教法"三教改革"，职业院校内涵建设不断加强。

5. 高校综合实力不断增强

高校"双一流"建设项目全部通过国家首轮验收，"世界一流"建设学科增至 14 个。新增两院院士 6 人，长江学者、国家杰青等国家级高层次人才达到 902 人。111 个本科专业、111 门本科课程入选首批国家级一流本科专业和一流课程，全国新工科教育创新中心落户天津大学。新增 2 个省部共建国家重点实验室，建成 6 个省部共建协同创新中心，获批 2 个高等学校科技成果转化和技术转移基地，新建合成生物学前沿科学中心，物质绿色创造与制造海河实验室、现代中医药海河实验室揭牌运行，地震领域首个国家重大地震工程模拟研究基础设施落户天津大学，中医药大学组分中药国家重点实验室等天津版"国之重器"加快建设。

6. 教育改革开放取得新突破

清单式推进新时代教育评价改革，清理"负面清单"涉及的相关政策文件 450 个，启动 123 个试点项目。出台考试招生制度改革、教育体制机制改革、学前教育深化改革规范发展、提高义务教育质量、普通高中育人方式改革、教师队伍建设改革等系列实施方案。新高考、新中考改革平稳落地。深化教育领域"放管服"改革，推进中小学教师"区管校聘"和校长职级制管理改革，普通高校实施人员总量管理。全市大中小学实现"一校一章程"。建成天津茉莉亚学院和天津音乐学院茉莉亚研究院，为促进中外人文交流增添新平台。海外"鲁班工坊"增至 20 个,"鲁班工坊"已从"天津实践"上升为"国家名片"。

(二)短板弱项

1.基层党建和思政工作仍需加强

学校党建与事业发展融合不深,基层党组织建设存在不足,思政教育针对性时效性不够强,师德师风问题时有发生。问卷调查显示,36.5%的大学生对党的教育方针的具体内容认知度不高,6.3%的学生党员认为支部活动形式单一,41.5%的干部教师党员和 17.8%的学生党员认为支部活动与业务工作、学习学业结合不够紧密。

2.教育发展依然不平衡不充分

长于智、疏于德、弱于体、少于美、缺于劳的问题依然存在,城乡之间、各区之间、学校之间教育资源供给不平衡,优质教育资源供需矛盾依然突出。对照县域义务教育优质均衡发展国家评估指标,32 个指标中天津市有 17 个指标大部分区不达标,实验教学指标全国排名靠后。部分区公办幼儿园在园幼儿占比还没有达到50%的国家要求。

3.职业教育办学机制不够灵活

引企入校、引校入企、校企合作机制还不完善,企业参与职业院校二级学院混合所有制办学,在资金投入、人员管理、资产评估等方面仍有不少障碍。对企业参与工学结合缺乏有效约束激励机制,产教融合还不够深入,存在职业院校"一头热""独角戏"问题,专业链、人才链、产业链对接不够紧密。

4.高校创新服务能力不够强

由于历史原因,天津市部属高校少,优质高等教育资源匮乏。高校拥有的国家重点实验室(含省部共建)数是北京的 1/7、上海的1/4。教育服务产业转型升级和创新驱动的能力不足,16 所市属高校对接市重点培育产业链的适应性、契合度不够高，共有专业点 180 个，占比仅 24.9%，特别是与新能源、航空航天产业链相关的专业实力比较弱，在校生不足 1000 人，还不能有效满足"1+3+4"产业体系发展需要。

5. 高层次复合型人才还比较少

天津市高校两院院士数是北京的 1/10、上海的 1/3，长江学者、教育部创新团队的总量均是北京的 1/7、上海的 1/4。对比先进省市，天津市吸引高层次人才的大平台较少，引才用才机制有待完善，考核评价办法需要改进，人才服务经济发展的能力仍显不足。

总体而言，天津市教育具有高质量发展的坚实基础和多方面优势，既有在全国领先的强项，也有亟待补齐的短板，呈现出优势和短板同在、机遇和挑战并存、新旧矛盾和问题交织叠加的鲜明特征。推进教育高质量发展，形势紧迫、需求强烈、任务艰巨。

三　推进天津教育高质量发展的总体考虑与主要目标

（一）总体考虑

基于对天津教育发展优势和短板的研判，今后一段时间推进教育高质量发展的总体考虑是：坚持以习近平新时代中国特色社会主义思想为指导，认真贯彻落实习近平总书记关于教育的重要论述，深刻认识"两个确立"的决定性意义，立足新发展阶段，贯彻新发展理念，服务构建新发展格局，坚持和加强党对教育工作的全面领导，坚持马克思主义指导地位，坚持社会主义办学方向，坚持以人民为中心的发展思想，全面贯彻党的教育方针，落实立德树人根本任务，弘扬伟大建党精神，发扬历史主动精神，加快建设高质量教育体系，努力办好人民满意的教育，培养德智体美劳全面发展的社会主义建设者和接班人，培养担当民族复兴大任的时代新人。

（二）坚持原则

1. 坚持问题导向

瞄准区域经济社会发展和产业结构转型升级的战略需求，瞄准制造业立市、构建"津城""滨城"双城发展格局的实际需要，立足"一基地三区"城市定位，紧贴人民群众对教育的新期待，聚焦教育突出问题和短板弱项，提出破解的对策措施，实行项目化推进，确保教育总体水平保持在全国前列。

2. 坚持实事求是

充分考虑财力状况和教育人口规模结构变化，分清项目主次和轻重缓急，既不保守也不冒进，更不搞平均用力。

3. 坚持统筹协调

充分考虑经济高质量发展对教育提出的新需求，与《天津教育现代化2035》《天津市教育现代化"十四五"规划》等相关政策文件紧密衔接，保持政策的连续性、主攻方向的一致性，压茬推进，积小成为大成。

（三）主要目标

对标对表《天津教育现代化2035》《天津市教育现代化"十四五"规划》，对比借鉴相关兄弟省市，明确今后一段时间推进天津教育高质量发展的主要目标是：全面完成"十四五"教育规划目标任务，为"十五五"教育发展开好局、起好步，基本形成与中央对天津城市定位相匹配、服务全民终身学习的高质量教育体系，进一步激发教育发展活力，教育主要发展指标位居全国前列，现代教育治理体系更加完善，人才自主培养能力不断增强，教育服务贡献能力显著提高，人民群众对教育的满意度、获得感显著提高，为2035年建成质量一流、公平普惠、优势突出、人民满意的现代化教育强市奠定坚实基础。

1. 立德树人成效实现更大提升

德智体美劳全面培养的教育体系更加健全，学校家庭社会协同育人机制更加完善，科学的教育观念更加深入人心，素质教育全面发展，学生体质健康优良率达到50%，青少年儿童健康成长的良好生态基本形成。

2. 基础教育服务更加公平优质

学前教育实现普及普惠安全优质发展，义务教育实现优质均衡发展，高中阶段教育实现多样化特色发展，完善特殊教育保障机制，教师综合素质和专业化水平全面提高，教育资源配置更加合理，新技术与教育教学实现深度融合。到2026年，学前教育入园率达到93%、义务教育巩固率超过99%、高中阶段教育毛入学率超过98%，持续处于全国领先水平。

3. 职业教育实现标杆示范发展

基本形成服务全产业链、全生活领域和全生命周期的现代职业教育体系，职业教育适应性显著增强，产教融合发展机制更加健全，技术技能人才发展通道更加畅通，一批应用技术大学和职业院校达到世界一流水平。

4. 高等教育竞争力明显增强

若干所大学和学科进入世界一流行列，学科专业结构、人才培养结构与经济社会发展需求更加契合，高质量科技创新体系基本建立，基础研究、关键技术供给和社会服务能力全面提升，高校成为自主创新的重要源头和原始创新的重要策源地。

5. 终身学习体系更加开放灵活

各级各类教育纵向衔接、横向沟通、协调发展，学历教育和非学历教育、职前教育和职后教育、线上学习和线下学习相互融合，基本建成人人皆学、处处能学、时时可学的学习型城市。到 2026 年，新增劳动力平均受教育年限超过 15.5 年，人力资源开发水平保持全国领先。

6. 现代教育治理体系更加完善

科学的教育理念和教育评价制度基本建立，制约教育高质量发展的结构性体制性障碍有效破解，教育治理效能显著提升，教育国际影响力和软实力大幅提升，实现教育发展的规模、速度、质量、结构、效益相统一。

（四）关键指标

为实现上述战略目标，更好地衡量天津教育高质量发展情况，依据相对权威、国际可比、数据可得的原则，从实现人的全面发展出发，以正确政治方向和新发展理念为导向，以满足人民群众对高质量教育的需求为使命，从多个维度提出今后一段时间天津教育高质量发展的关键指标。

这些指标具有显示度高、代表性强的特点，共有 10 个，其中预期性指标 8 个、约束性指标 2 个。基础教育有 4 个指标，分别是学前三年毛入园率超过 93%、九年义务教育巩固率超过 99%、高中阶段教育毛入学率超过 98%、义务教育优质均衡区比例达到 100%；高等教育有 3 个指标，分别是高等教育毛入学率超过 65%、每十万人口高等教育平均在校生数达到 4500 人、普通高校在校留学生比例达到 5%；职业教育和终身教育有 1 个指标，从业人员继续教育参与率超过 80%；人力资源开发水平有 1 个指标，劳动年龄人口平均受教育年限达到 12.3 年；学生全面发展有 1 个指标，学生体质健康优良率达到 50%（见表 1）。

表 1　天津教育高质量发展关键指标

关键指标	2021 年	2026 年	指标属性
学前三年毛入园率(%)	92.7	>93	预期性
九年义务教育巩固率(%)	99	>99	约束性
高中阶段教育毛入学率(%)	98	>98	预期性
高等教育毛入学率(%)	65	>65	预期性
每十万人口高等教育平均在校生数(人)	4500	4500	预期性
普通高校在校留学生比例(%)	4	5	预期性
劳动年龄人口平均受教育年限(年)	12	12.3	约束性
从业人员继续教育参与率(%)	80	>80	预期性
义务教育优质均衡区比例(%)	0	100	预期性
学生体质健康优良率(%)	43.6	50	预期性

注：2026 年为测算值。

资料来源：《天津市教育事业统计资料（2021 年）》。

为更好地了解天津教育高质量发展情况，本报告将关键指标有关发展情况，与北京、上海、重庆等兄弟省市进行了认真比较，梳理了目前天津教育高质量发展的优势和劣势（见表 2），以及未来一段时间可能形成的领先指标和相对弱项（见表 3），从优劣势比较中找到天津努力的重点和发力点。

表 2　2020 年天津教育高质量发展关键指标现状比较

序号	关键指标	天津	比较情况
1	学前教育入园率(%)	92.3	全国领先,高于北京(90%)、重庆(90.3%)和国家(85.5%),低于上海(99%)
2	九年义务教育巩固率(%)	99	全国领先,高于重庆(95.5%)和国家(95.2%),低于上海(99.9%)
3	高中阶段教育毛入学率(%)	98	全国领先,高于国家(91.2%),低于上海(99%)和重庆(98.5%)
4	高等教育毛入学率(%)	65	全国领先,高于国家(54.4%)和重庆(53.3%),低于北京和上海(均在70%以上)
5	每十万人口在校大学生数(人)	4500	全国第二,低于北京(5393 人),高于上海(4264 人)、重庆(3438 人)和国家(3126 人)

续表

序号	关键指标	天津	比较情况
6	普惠性幼儿园覆盖率(%)	80	弱势指标,比上海(88.2%)、重庆(88.3%)、北京(87%)和国家(84.7%)都低
7	公办幼儿园在园幼儿占比(%)	50	弱势指标,比上海(63%)、北京(59.3%)、国家(50.9%)和重庆(50.2%)都低
8	劳动年龄人口平均受教育年限(年)	12.1	全国领先,仅低于北京(13.3年)和上海(12.6年),高于重庆(10.9年)和国家(10.8年)
9	新增劳动力平均受教育年限(年)	15.5	全国领先,低于北京(15.7年),高于国家(13.8年)
10	学生体质健康优良率(%)	43.6	弱势指标,低于北京(62.4%)和上海(97.2%,为合格率)

注:领先指标指基本居于全国前几名;弱势指标指基本处于全国中下,甚至低于全国平均水平。

资料来源:国家和兄弟省市"十四五"教育规划;每十万人口在校大学生数来源于《中国统计年鉴2021》。

表3 2025年天津教育高质量发展规划目标比较

序号	关键指标	天津	比较情况
1	学前教育入园率(%)	93	全国领先,高于北京和国家(均>90%),低于重庆(>93%)
2	九年义务教育巩固率(%)	>99	全国领先,高于重庆(>96%)和国家(96%)
3	高中阶段教育毛入学率(%)	>98	全国领先,低于重庆(>98.5%),高于国家(>92%)
4	高等教育毛入学率(%)	>65	全国领先,仅低于北京和上海(均保持在70%以上),高于重庆和国家(均为60%)
5	每十万人口在校大学生数(人)	4500	全国领先,低于北京和上海(4600人左右)
6	普惠性幼儿园覆盖率(%)	>80	弱势指标,低于北京(90%)和重庆(>85%),高于国家(80%)
7	公办幼儿园在园幼儿占比(%)	>50	弱势指标,低于重庆(55%),高于国家(50%)

序号	关键指标	天津	比较情况
8	义务教育优质均衡区比例(%)	100	全国领先,重庆提出部分区县通过,上海提出全国领先
9	劳动年龄人口平均受教育年限(年)	12.3	全国领先,低于北京和上海(均为13年左右),高于重庆(12年)和国家(11.3年)
10	新增劳动力平均受教育年限(年)	15.5	全国领先,低于北京(15.8年)
11	学生体质健康优良率(%)	50	弱势指标,低于北京(>70%)和上海(保持高水平)

注:领先指标指基本位居全国前几名;弱势指标指基本处于全国中下,甚至低于全国平均水平。

资料来源:国家和兄弟省市"十四五"教育规划。

四 推进天津教育高质量发展的对策措施

今后一段时间是天津推进教育高质量发展的关键时期。为实现天津教育高质量发展的战略目标,加快推进教育现代化,建设高质量教育体系,努力办好人民满意的教育,为全市各领域高质量发展提供强有力的人才和智力支撑,天津应在以下几个方面集中发力。

(一)加强党对教育工作的全面领导

把党的政治建设摆在首位,建立党史学习教育常态化长效化制度机制,健全党政主要负责同志进校园讲思政课、联系学校制度,学习宣传阐释党的创新理论。健全高校党委领导下的校长负责制,持续优化领导班子结构。实施院(系)党组织书记政治能力提升计划、教师党支部书记"双带头人"队伍质量攻坚计划、大学生党支部书记骨干培养计划,推动高校基层党组织全面进步、全面过硬。

全面实施中小学校党组织领导的校长负责制，加强党对中小学校的全面领导。严格落实意识形态工作责任制，筑牢"三微一端"等阵地。始终坚持"严"的主基调，层层压紧全面从严治党责任链条，巩固拓展落实中央八项规定精神成果，健全廉政风险防控体系，营造良好政治生态。

（二）健全"五育并举"育人体系

坚定不移贯彻党的教育方针，健全德智体美劳全面培养的教育体系。推进"大思政课"建设综合改革试验区建设，加强10所重点马克思主义学院建设，培育一批名师工作室，打造一批思政课程和课程思政品牌课、精品课、示范课，深化"三全育人"综合改革试点，形成目标明确、内容完善、标准健全、运行科学、保障有力的思想政治工作体系。实施体教融合行动计划，开展学生"阳光体育"运动，加强校园足球、篮球、排球、冰雪运动体育特色学校建设，完善大中小学竞赛体系。健全中小学生近视、肥胖等防控工作机制。完善大中小学相衔接的美育课程体系，强化美育教师队伍建设，开展美育浸润行动计划，建设一批美育名师工作室，持续开展大中小学生艺术展演活动。在大中小学全面开设劳动教育必修课，与行业企业共建50个劳动实践教育基地，举办中小学生劳动技能大赛，将劳动教育纳入人才培养全过程。加强学校心理咨询中心和辅导室建设，完善家、校、社协同育人机制，培养学生积极乐观、健康向上的心理品质。创新融合育人评价模式，探索建立学生成长大数据档案，把评价结果作为衡量学生全面发展、评优评先、毕业升学的重要参考。

（三）提升人民群众教育获得感

坚持以人民满意作为重要检验标尺，推进基础教育综合改革实验区建设，着力解决群众最关心最直接最现实的教育问题。提高学前教育普及普惠水平，大力发展公办园，支持普惠性民办园发展，落实普惠性民办园生均补助政策，实施保教质量提升项目、农村幼儿园装备水平提升工程，实行"优质园+"办园模式，扩大优质学前教育资源总量，确保16个区全部通过学前教育县域普及普惠国家评估认定。推进义务教育优质均衡发展，每年安排不低于10亿元的市对区教育一般转移支付，支持各区改善办学条件。将义务教育资源建设、解决学位缺口问题纳入对各区、各相关部门履行教育职责督导评估内容，完成首批四个区先行创建任务，力争16个区率先通过义务教育优质均衡发展国家评估认定。实施普通高中资源建设行动，新建改扩建30余所普通高中，新增2.6万余个普通高中学位，培育30所品牌高中，推进普通高中强校工程。深入实施基础教育优质教育资源辐射工程，采取集团化办学、合作共建等方式，全面提升中小学办学水平和教育质量。扎实推进"双减"工作，健全课后服务保障机制，满足学生多样化学习需求，让学生在校内学足学好。

（四）打造职业教育创新发展标杆

按照国内一流、世界领先标准，实施职业教育创优赋能行动，支持职业技术师范大学、中德应用技术大学建设一流职业教育类大学，提升7所"双高计划"院校示范引领和产业支撑水平，推动13所高职学院、12所中职学校加快建设高水平职业院校。落实世界职业技术教育发展大会及相关赛事成果，推进职业教育创新发展标杆工程。支持符合条件的"双高计划"建设院校的骨干专业试办本科层次职业教育，畅通技术技能人才发展通道。对接"1+3+4"现代产业体系和12条重点产业链，推进职业教育专业升级和数字化改造，优化职业教育层次结构和专业设置，促进技术技能升级换代。全面推行1+X证书制度，深化现代学徒制试点，引企驻校、引校进企，校企共建一批工程创新中心、应用技术转移中心，切实增强职业教育适应性。

（五）推进高等教育提质创新发展

按照"扶优、扶特、扶强"原则，启动实施新一轮高校综合投资，扶植一批冲击国内顶尖、世界一流的学科，汇聚优质资源，培养一流人才，产出一流成果。建立紧缺人才预警机制、专业重点建设机制，加强新能源、航空航天、生物医药、人工智能等关键领域的学科专业布局，重点建设49个跨学校、跨学院、跨学科的特色学科群。实施新时代高等教育育人质量工程，强化科学教育、工程教育，推进新工科、新医科、新农科、新文科建设，建设200个国家级一流本科专业、200个国家级一流本科课程，打造一批未来技术学院、现代产业学院、高水平公共卫生学院和专业特色学院。适度扩大研究生培养规模，建设一批产教融合联合培养基地。建设高质量科技创新体系，支持高校加快培育和建设国家重点实验室、重大科技基础设施、前沿科学中心、协同创新中心等创新平台，推进大学科技园建设，聚焦关键领域核心技术集中攻关，以高质量科技创新服务国家科技自立自强。建立健全以质量、绩效、贡献为导向的科研评价机制，强化科技成果转移转化能力建设，推动科学研究、人才培养、成果转化与产业需求精准对接。坚持马克思主义指导地位，繁荣发展哲学社会科学，培育一批政府急需、特色鲜明的专业化高校智库。

（六）服务全民终身学习

推动高等继续教育转型发展，提升学历继续教育办学水平，与行业企业共同开发非学历培训项目。扩大职业院校培训规模，广泛开展面向社会的职业技能培训。大力发展社区教育，创新社区教育载体，扩大社区教育服务规模。加快发展老年教育，加强老年教育基层社会学习点建设，增加老年教育资源供给。完善学分银行制度，健全各级各类学习成果认证机制。加强天津开放大学基础能力建设，发挥在线教育优势，构建处处能学、时时能学的智能化平台，全面挖掘和释放人才红利。

（七）打造高素质专业化创新型教师队伍

把教师作为教育高质量发展的第一资源，全面提高教师综合素质和专业化水平，着力培养一批教育家型教师。持续实施师德师风建设工程，坚持德才兼备，夯实教师发展之基。完善市、区、校三级教师培训体系，深化中小学教师"区管校聘"管理改革，均衡配置师资。实施职业院校领军人才引育计划，优化校企人员双向交流机制，聚集和培养一批急需的专业领军人物、国家级技能大师、教学名师。实施高等教育人才揽蓄行动，积极引育高层次创新人才和团队，发挥高校创新人才"蓄水池"作用。

（八）全面提升现代教育治理水平

持续深化教育评价改革，推进考试招生制度改革，坚决克服"五唯"顽障痼疾。稳步推进民办学校分类管理改革，开展规范公有主体参与办学专项整治行动，营造良好教育生态。推进涉外办学体制机制创新，聚焦薄弱、空白、紧缺学科专业开展高水平合作办学，打造更具国际竞争力的留学生教育。深化教育领域"放管服"改革，完善教育行政部门权力清单和责任清单制度，落实和扩大各级各类学校办学自主权。健全以章程为统领的学校内部治理制度，创新章程实施保障机制。深化新时代教育督导体制机制改革，健全学校督导工作机制，加强对政府履行教育职责的督导。

参考文献

丁亚东、孟敬尧：《我国教育高质量发展的内涵演变、特征与展望》，《宁波大学学报》（教育科学版）2022年第5期。

范国睿：《高质量教育体系建设：价值、内涵与制度保障》，《南京师大学报》（社会科学版）2022年第2期。

葛道凯：《高质量教育体系的使命、动力及建设思路》，《教育研究》2022年第3期。

李政涛、王晓晓：《高质量教育体系建设的中国特色与中国贡献》，《国家教育行政学院学报》2022年第7期。

刘复兴：《教育与共同富裕——建设促进共同富裕的高质量教育体系》，《教育研究》2022年第8期。

刘振天：《教育高质量发展的理论基础及其方向引领》，《中国高教研究》2022年第5期。

柳海民、郑星媛：《新时代中国教育改革发展新路向》，《中国教育报》2021年4月1日。

柳海民、邹红军：《高质量：中国基础教育发展路向的时代转换》，《教育研究》2021年第4期。

吴伟平：《引领·创新·均衡·特色：教育高质量发展的四大要素》，《教育评论》2022年第8期。

吴晓蓉、胡甜：《教育高质量发展：内涵、标准及实践》，《教育与经济》2022年第2期。

张新平、佘林茂：《对教育高质量发展的三重理解》，《中国教育报》2021年3月18日。

周元宽、鲁沛竺：《高质量教育体系的逻辑理路和实践取向》，《重庆高教研究》2022年第4期。

朱旭东：《教育高质量发展开启中国教育现代化新篇章》，《教育发展研究》2022年第Z1期。

B.8
京津冀协同发展背景下河北高质量
教育体系建设研究

闫春江　崔艳玲　朱少义 *

摘　要： 近年来，河北紧紧抓住京津冀协同发展重要契机，坚持目标导向和问题导向，并充分结合河北教育发展实际，积极借助京津两地优质教育资源，不断拓展教育协作领域，持续深化教育协作，努力提升教育协作成效，教育步入健康、协调、优质发展的快车道。面对新征程、回应新需求、破解新挑战，河北教育需要锚定新时代教育发展新方向、新目标、新机遇，在充分发挥既有优势的基础上，进一步畅通与京津地区的交流渠道，寻求引导内涵式发展的契合点，挖掘高质量教育体系建设的增长点，加快推进教育现代化、建设教育强省、办好人民满意的教育。

关键词： 协同发展　教育体系　资源共享　河北

自 2014 年习近平总书记提出京津冀协同发展战略以来，京津冀

---

* 闫春江，河北省教育科学研究院教育发展研究室副主任、副研究员，主要研究领域为教育政策、教育宏观发展、新型教育智库等；崔艳玲，河北省教育科学研究院教育发展研究室助理研究员，主要研究领域为教育理论、教育心理等；朱少义，河北省教育科学研究院教育发展研究室助理研究员，主要研究领域为教育政策、职业教育等。

三地按照优势互补、互利共赢、区域一体的原则，不断加强系统谋划，积极推进产业对接，持续优化空间布局，协同发展活力显著提升。教育协同作为京津冀协同发展的重要组成部分，也取得了丰硕成果，其基础性和先导性作用越发凸显。河北教育资源和质量在京津冀三地中相对薄弱，为谋求快速发展，河北紧紧抓住京津冀协同发展重要契机，坚持目标导向和问题导向，并充分结合河北教育发展实际，积极借助京津两地优质教育资源，不断拓展教育协作领域，持续深化教育协作，努力提升教育协作成效，教育步入健康、协调、优质发展的快车道。

一 京津冀教育协同发展成效显著

（一）京津冀教育协同发展机制逐步完善

"十三五"以来，京津冀教育系统就教育协同发展达成各类协议超过 170 项，京津冀教育协同发展机制"四梁八柱"已然构建。在此过程中，逐步完成了从在局部协作中探索尝试到在总体规划中统筹布局的迭代升级，开创了京津冀教育优势互补、良性互动、合作共赢的良好局面。

局部协作阶段。2014 年 11 月至 2016 年 5 月，京津冀三地教育行政部门彼此间进行考察学习，增进了解、加强沟通，在教育特定领域探索合作交流的机制和模式。在协作机制建立方面，2014 年 8 月和 2015 年 10 月，河北分别与天津、北京签署了《推进教育协同发展合作框架协议》《京冀两地教育协同发展对话与协作机制框架协议》，建立协同发展联络协商机制，并明确了开展合作交流的重点领域。在教育督导方面，2016 年 5 月，京冀两地签署《教育督导协作机制框架协议》；2016 年 6 月，京津冀三地又签署了《教育督导协作机制框架协议》，决定在教育督导评估制度、组建教育督导专家库等方面开展合作交流。在人才培养方面，2015年10月，京冀签署《京冀大学生思想政治教育工作协作方案》；2016年1月，京津冀签署《京津冀高校毕业生就业创业协同发展框架协议》，建立大学生思想政治教育资源共享机制和专题研讨交流机制；2016年10月，京津冀三地签署《京津冀高校毕业生就业创业协同创新框架协议》，在高校毕业生就业创业的资源共享和成果交流等方面达成共识。在教育资源共享方面，2016年5月，京冀两地签署了《北京市"数字学校"教育资源共享协议》。在教师培训方面，2016年5月，京冀两地共同签署了《中小学校长教师培训项目合作协议》，启动了"河北省千名中小学骨干校长教师赴京挂职实习"项目。在职业教育协作方面，2015年4月，津冀两地签订《职业教育战略合作框架协议》；2016年5月，京冀两地共同签署了《京冀职业教育协同发展框架协议》。以两个协议为蓝本，进行京津冀现代职业教育的总体布局。在语言文字工作方面，2015年6月，京津冀三地共同签署了《京津冀语言文字事业协同发展战略协议书》，共同提升京冀津语言文字科研工作的创新力、竞争力。

统筹布局阶段。在局部领域的交流协作中，京津冀协作机制日益健全、协作举措日趋流畅，京津冀教育协同发展的总体规划也在此过程中孕育成熟。2017年2月，京津冀三地教育行政部门共同召开首次京津冀教育协同发展工作推进会，其后，又于2019年1月、2021年10月，召开京津冀教育协同发展工作推进会。在推进会上，三地联合发布了《"十三五"时期京津冀教育协同发展专项工作计划》《京津冀教育协同发展行动计划（2018—2020年）》《"十四五"时期京津冀教育协同发展总体框架协议（2021—2025年）》，三个文件对京津冀教育协同发展的持续推进做出总体规划布局，明确了教育领域非首都功能疏解的合作共识，统筹了教育功能布局，阐明了京津冀教育协同发展工作推动机制，确定了未来三地教育资源共享的重点，商定了各级各类教育协同发展的模式，打造了目标同向、政策协调、协作有序的教育协同发展体系。

（二）京津冀教育协同发展促进河北基础教育优质发展

基础教育是教育事业的起始阶段、奠基阶段，也是统筹区域发展、实现教育公平的重要保障。京津冀在基础教育领域的广泛合作是深化教育协同发展的重要环节。近年来，京津冀三地在基础教育协同发展方面取得突破性进展，合作办学模式不断创新，资源共享水平不断提升，协同发展机制不断完善，实现了顶层设计、工作机制、落实行动一体协同。在合作办学上，河北在中小学以及幼儿园学段采用教育集团、学校联盟、结对帮扶、委托管理、开办分校等方式，与北京、天津开展跨省域合作办学，持续推动京津两地优质基础教育资源对河北基础教育的辐射带动。截至2021年底，有28所京津优质中小学到河北开展合作办学。在资源共享上，河北与北京、天津签署了《北京市"数字学校"教育资源共享协议》《关于对口支援建设高等职业院校框架协议》等一系列协议，推进京津冀教育资源共享不断向纵深发展，基本实现了优质数字资源互通共享，免费向三省市教师和学生开放使用。同时，三地还积极组织跨区域的学生交流实践活动，探索校外教育资源共建、共享、共用机制。例如，2020年京津冀科普旅游系列活动，通过三地科普教育基地的联动，使京津冀地区青少年养成"讲科学、爱科学、学科学、用科学"良好习惯。

借力"京津冀教育协同发展"的同时，河北潜心学习北京、天津基础教育的成功经验，勤修"内功"，推动基础教育高质量、跨越式发展。一是全力抓好基础教育"扩容、提质"工作，学前三年毛入园率、义务教育巩固率、高中阶段教育毛入学率等指标均提前一年完成"十三五"目标，其中义务教育巩固率、高中阶段教育毛入学率还大幅超过全国平均水平。二是将"办好人民满意的教育"作为工作核心，积极回应社会关切，着力解决群众关心的子女教育方面的突出问题。2019年3月，河北在全国率先出台《河北省城镇小区配套幼儿园专项治理工作方案》，进一步提高学前教育公益普惠水平，有效缓解城镇幼儿园学位资源供给不足的难题，切实满足人民群众对幼有所育的美好期盼。三是坚持"五育并举"，深化教育教学改革，推进"双减"工作落地见效，实施中小学招生制度改革，建立普通高中学生综合素质机制，实施生涯规划教育，加强学生发展指导。

（三）京津冀教育协同发展助力河北职业教育提质增效

京津冀三省市着力推进职业教育协同发展，仅"十三五"期间就签署了40余项职教合作协议，职教领域的协作框架基本成型。2021年10月，三省市签订了《"十四五"时期京津冀教育协同发展总体框架协议（2021—2025年）》，围绕非首都功能疏解中心任务，进一步明确了职教协同发展的新方向。一是统筹优化职业学校布局，围绕区域城市定位，统筹规划京津冀专业设置，优化三省市职教学校布局和专业结构，实现优势互补、错位发展。二是促进京津冀职教学校融合发展，增加学校间合作与交流，通过结对子、办分校、成立职教集团、组建发展联盟、搭建合作平台等协作方式，实现课程、实训基地、师资等教育资源的共享互通。积极搭建学校对接企业、行业、科研机构等主体的合作平台，相继举办以"京津冀职业教育协同发展和现代职业教育"为主题的产教对接交流、协作会十余场。三是打造职业教育人才资源协同培养机制，推进跨省市中高职衔接，逐步开展高职院校跨省市单独考试招生试点，引入天津职业大学、北京劲松职业高中等京津优质职业院校与河北职业院校开展合作。消除跨区域就读学生待遇差异，建立职业教育招生计划协商机制，会商跨区域招生的计划规模、专业构成、具体院校。强化人才联合培训，与北京、天津合力探索"1+2""2+1"培养模式。四是成立京津冀职业教育协同发展研究中心，开展职业教育区域协同发展专题研究，为构建与京津冀产业发展相适应的现代职业教育体系提供智力支撑。

职业教育是河北的"传统优势项目"，为达到强优势、补短板的目标，河北持续在增强职业教育服务能力上做文章，积极构建现代职业教育体系。一是着眼支撑省内及京津冀区域战略性新兴产业和重点产业发展需求，整体谋划全省职业院校专业结构，推进产教融合，深化校企合作。二是深化办学体制改革，推进职业院校股份制混合所有制办学试点改革，促进形成具有活力和市场约束力的市场竞争主体。三是加大中等职业学校标准化建设工程、高等职业教育创新发展行动计划等重点工程项目实施力度，整体提升全省职业院校办学水平。四是提升职业教育教师素养，优化职业院校教师"入职"标准，改进教师评价机制，完善培养培训机制，提升"双师型"教师比例。一系列有力举措为河北职业教育带来值得称道的成绩。截至2021年底，河北获批设立3所公办本科职业技术大学，数量位居全国第一，11所高职院校获评国家高职优质校，数量位居全国第五，10所高职院校获评国家"双高计划"建设校，数量位居全国第六，49所中职学校获评国家示范中职校，数量位居全国第五。

（四）京津冀教育协同发展助推河北高等教育创新升级

高等教育是京津冀协同发展的突破口、支撑点。2011年4月，京津冀共同签署《京津冀区域人才合作框架协议书》，开展高层次人才培养方面的合作。经过十多年的经验积累，京津冀高等教育协同发展已形成了高校联盟共建设、区域发展共支撑、人才培养共发力、疏解非首都功能共协助的良好局面。一是深化京津冀高校联盟建设。三省市高校共组建了10余个高校联盟，涉及超过150所高等院校，涵盖经济学、教育学、理学、工学、农学、医学、管理学、艺术学等八个专业大类，联盟成员校间围绕相同专业领域，加强学术交流、人员互动，实现以强带弱。二是合力支撑区域协同发展。基于京津冀协同发展中的重大需求，三省市高校优势互补，联合申报、承担重大攻关课题，加强基础研究、科技创新的应用转化，为京津冀协同发展提供智力支持。比如，河北工业大学携手京津高校组建"京津冀智能装备技术与系统协同创新中心"。三是优化人才培养机制。部分高校先行先试，逐步推进本科、研究生联合培养，探索人才培养深层次合作机制。建立大学生思想政治教育资源共享机制，加强专题研讨交流，委派辅导员短期挂职锻炼，共同提升大学生思想政治教育成效。四是在京高校迁冀工作稳步推进。目前，已有北京交通大学、北京科技大学、北京林业大学三所高校官宣在雄安新区规划建设新校区。

针对高等教育大而不强的现状，河北一手抓"外援"，一手抓"自强"，坚持以内涵式发展为主线，以一流大学、一流学科、一流专业、一流课程建设为重点，着力提高人才培养质量、科研创新能力和现代治理水平。一是深入推进一流大学和一流学科建设，94个专业入选国家级一流本科专业建设点。河北工业大学"一流学科"建设不断加强，燕山大学、河北大学"双一流"建设取得新进展，带动全省高等教育水平整体提升。二是加快高校科技创新平台建设，实施高校创新能力提升计划，组织申报省部共建协同创新中心和教育部工程研究中心等重点项目，不断提升高校科研创新能力。三是围绕河北转型发展和构建现代产业体系实际需要，优化学科专业布局，加大学科结构调整力度。目前河北高校共有本科专业325个，2771个专业点，覆盖了专业目录的十二大类92个专业类，基本形成了适应河北经济社会发展需要的学科专业体系。四是提升人才培养质量，大力推进课程建设、教材建设、教学团队建设，深化教育教学改革和创新创业教育改革，加快培养理工农医类专业紧缺人才，加强基础学科和文、史、哲、经济学拔尖创新人才培养。

（五）京津冀教育协同发展带动河北教师队伍整体提升

教师是教育的首要资源、核心要素，没有高质量的教师队伍就没有高质量的教育。近年来，河北紧紧抓住教师能力提升这个"牛鼻子"，借力京津高质量教育资源，开展了一系列丰富多样的教师交流与培养活动，教师队伍整体素质得到了有效提升。建立师范类院校帮扶河北贫困县机制，依托一县一培训基地，对口培训张家口、承德、保定地区 21 个贫困县教师，促进贫困地区教师专业能力提升。开展"老校长下乡活动"，来自北京的 16 名老校长定期到阜平县 12 所乡村学校指导教学。实施千人交流合作项目，三地精选互派中小学校长、幼儿园园长、骨干教师、职业院校教师和管理人员1000 人，进行工作交流和在岗培训，相互学习借鉴先进的教育理念和管理经验。

与此同时，河北还在以下几个方面扎实推进教师队伍建设，努力培育一批有理想信念、有道德情操、有扎实学识、有仁爱之心的"四有"好老师。一是加强师德师风建设，引导广大教师深入学习贯彻习近平新时代中国特色社会主义思想，坚定"四个自信"、树牢"四个意识"，切实担负起立德树人根本任务。二是加大培养培训力度。出台《河北省教师教育振兴行动计划（2018—2022 年）》，明确教师教育的目标、任务和措施，全面提升教师教育质量。扎实推进"国培计划"和"省培计划"，实施中小学校骨干教师、特级教师、燕赵名师、教育家型教师和骨干校长、燕赵名校长、教育家型校长培养计划，选树一批懂教育、能干事的先进典型。三是落实教师队伍待遇福利。强化督导检查，保障义务教育教师平均工资收入水平不低于或高于当地公务员平均工资收入水平，实现乡村教师乡镇工作补贴政策全覆盖，乡村教师生活补助提标扩面。四是加大人才培养引进力度。进一步完善"燕赵学者计划"，培养在国内外有重要影响的领军人才，制订各层次人才培养计划，形成一整套专业化教师梯队成长机制。

二 河北教育发展的机遇与挑战

当前，我国已全面开启"十四五"建设、踏上第二个百年征程，面对世界百年未有之大变局，实现中华民族伟大复兴的中国梦，党和国家事业发展对教育的需要、对科学知识和优秀人才的需要比以往任何时候都更为迫切。面对新征程、回应新需求、破解新挑战，河北需要更加深入地思索，新时代教育的发力方向和主要目标是什么？在建设现代化强国、美丽河北中教育应该做出怎样的贡献？京津冀教育协同发展背景下河北教育还存在那些短板和弱项？这是河北教育人应当认真思考、必须做出回答的时代命题。

（一）锚定高质量教育体系新目标

2020 年 10 月，党的十九届五中全会审议通过了《中共中央关于制定国民经济和社会发展第十四个五年规划和二〇三五年远景目标的建议》，提出"要把提升国民素质放在突出重要位置，构建高质量的教育体系和全方位全周期的健康体系，提升人力资本水平和人的全面发展能力"，标志着我国教育正式进入高质量发展的新阶段。2021 年 11 月，党的十九届六中全会强调"推进教育强国建设"，进一步明确了高质量教育体系的发展方向。2022 年 3 月，政府工作报告提出"促进教育公平和质量提升"，对高质量教育体系的目标进行了明确和阐释。

高质量教育体系应重点包含以下几个方面。一是坚持社会主义办学方向，培养社会主义建设者和接班人。培养什么人是教育的首要问题。我国是一个中国共产党领导的社会主义国家，这就决定了高质量教育体系必须要服务于社会主义建设，培养立志为中国特色社会主义奋斗终生的有用之才。二是落实立德树人根本任务，促进学生全面发展。建设高质量教育体系应勇于打破"长于智、疏于德、弱于体美、缺于劳"的错误倾向，坚持"五育"并举、知行合一，充分尊重教育规律和学生身心发展规律，丰富教育主体实现全员育人，拓宽教育维度实现全程育人，扩展教育载体实现全方位育人，促进学生全面发展、健康成长。三是凸显公平普惠，实现优质均衡。教育公平是社会公平和正义的基石。建设高质量教育体系必须将公平普惠摆在重要位置，推动学前教育更加普及普惠、义务教育更加优质均衡、高中教育更加优质特色、职业教育更加提质培优、高等教育更加注重内涵，让教育发展成果惠及全体人民。四是深化综合改革，激发教育活力。只有不断改革创新，教育才能持续高质量发展。建设高质量教育体系应紧紧围绕教育治理体系和治理能力现代化核心目标，以优化评价、简政放权为重点，进一步提高教育改革的整体性、协同性和全局性，推动政府依法治教、学校依法治校、教师依法执教。五是坚持开放合作，汲取成长动力。高质量教育体系是在开放中成长、在交流中发展的教育体系。因此，建设高质量教育体系要紧跟教育发展前沿，以更加包容的胸怀、开放的姿态，积极学习和借鉴国内外先进的教育理念、实践和智慧，助力推动教育事业转型升级、提质增效。

（二）聚焦教育短板弱项

在京津两地的大力支持、全省教育系统的共同努力下，河北教育快速发展、成绩斐然，但也要清醒地认识到，与人民群众对教育的新期盼相比、与发达地区特别是京津两地相比，河北教育在质量和水平方面仍存在一些短板和弱项。

一是教育事业整体大跨步迈进，但不平衡、不充分的问题依然存在，教育的区域、城乡、校际差距依然明显。从省内看，学前教育资源不够，农村幼儿园办学条件、师资配备、保育水平偏低，城区公办园和普惠园数量不足；基础教育大班额在一些地方仍然存在，"农村弱、城市挤"现象未充分解决。从省域上看，京津冀协同发展理念得到充分落实，部分区县和学校仅仅依靠"政策惯性"推进协同发展，结合自身实际和特点，主动谋求协同合作的寥寥无几，"上热、中温、下冷"的问题依然突出。二是教育服务发展的能力显著增强，但人才培养结构性矛盾尚未解决。职业教育与经济社会发展契合度不高，专业结构与产业发展需求衔接不紧密，存在专业设置趋同现象严重、传统优势专业有待改造提升、新兴专业布点不足、紧缺急需人才领域专业短缺等问题，产教融合、校企合作需要进一步深化；高等教育对经济社会发展的支撑能力不足，省内没有一所中央部委属高水平研究型大学，本科高校中有近一半是新建本科院校，办学水平不够高，综合实力不强，大而不强的局面没有从根本上改变。三是教育保障能力有所提升，但在经费、师资、信息化等方面与京津相比依然较弱。在经费方面，京津冀三地相差较大，以 2020 年生均一般公共预算教育支出为例，学前教育阶段河北仅为 7189.84 元，而北京为 42575.20 元，天津为 22666.82 元；普通小学阶段河北仅为 9769.69 元，而北京为 35411.73 元，天津为 18850.84 元；普通初中阶段河北仅为 13806.52 元，而北京为 63603.26 元，天津为 30806.65 元；普通高等教育阶段河北仅为 17891.76 元，而北京为 65361.82 元，天津为 20078.8 元。在师资方面，受中小学适龄人口增长、城镇化进度加快以及高考改革、生育政策放开等因素影响，现行公办中小学教职工数量相对紧张；中小学校特别是农村地区学校，条件艰苦、工作辛苦，教师职业吸引力不强，导致中小学教师队伍的综合素质偏低。在信息化方面，由于缺乏完善的顶层设计和整体规划，没有形成全省统筹的教育管理与资源服务体系，各市县区之间不能共建共享，容易造成"信息孤岛"现象。

三 河北加快构建高质量教育体系的策略

京津冀协同发展背景下，河北高质量教育体系建设有赖于三地教育的优势互补、协作共赢。因此，要在充分发挥河北各类教育资源既有优势的基础上，进一步畅通与京津两地的交流渠道，寻求引导河北教育内涵式发展的契合点，挖掘河北高质量教育体系建设的增长点，推动河北教育水平迅速提升。

（一）全面系统规划，抓好政策部署和落实

构建高质量教育体系需要统筹规划和系统推进，坚持"两手抓，两手都要硬"的原则，既重视政策面的顶层设计，也关注执行面的实践探索。一方面，政策为引领教育改革发展提供基本遵循。作为深化教育领域改革工作的主导者，教育行政部门要以政策为抓手，绘制高质量教育体系建设蓝图。一是要始终坚持社会主义办学方向。将习近平总书记关于教育的重要论述和党中央决策部署内化为指导河北教育事业发展的中心思想，坚持和加强党对高质量教育体系建设工作的全面领导。二是站稳以人民为中心的根本立场。要深谙教育需求侧的所需、所盼，正视优质资源供给相对稀缺与人民群众高质量教育需求之间的现实矛盾，不断优化细化教育资金投入、教育资源配置、教育权利保障等领域的关键政策举措，努力办好人民满意的教育。三是深度对接京津冀协同发展战略。抓住京津冀协同发展和雄安新区规划建设的重大历史机遇，设计吸引京津优质教育资源入冀的利好政策，为承接北京非首都功能提供高水平基本公共教育服务。另一方面，政策的执行效果需要实践来检验。学校是开展教育教学活动的主阵地，良好的学校育人氛围既是构建高质量教育体系的必要条件，也是高质量教育体系的重要组成部分。各级各类学校，一是要提升责任意识。

在高水平完成基本教学工作的基础上，争做深耕河北教育改革"试验田"的先行者，积极承接服务河北高质量教育体系建设的教育综合改革创新任务。二是要提升交流意识。鼓励京津冀区域间的教育资源交流，树立学校共同体意识，推动区域内学校实现优势互补、资源共享、教学互通，不断为验证并优化教育均等化举措提供实践依据。三是要提升服务意识。高质量教育体系之下，各类人群不同教育需求被充分满足。因此，学校要秉持开放办学的理念，持续提升教育在就业创业、技术创新、民生福祉等领域的贡献度，在同经济社会发展深度融合的过程中推进高质量教育体系建设工作。

（二）推动资源共享，助力基础教育均衡发展

无论是从提升基础教育区域内竞争力、拓展外部生存空间的角度，还是从维持中小学以及幼儿园可持续发展的内部客观需要来看，开放基础教育资源都是有效提升河北基础教育办学实力，促进京津冀地区基础教育协同发展的必然要求。首先，要探索建立基础教育资源共享机制。京津冀区域基础教育资源共享是涉及多利益主体的长期系统性工程。地方政府或教育行政部门应制定系统性教育资源共享专项文件，以法律和行政手段推动并调控教育资源共享，鼓励区域内中小学以及幼儿园参与教育资源共享。同时，要进一步完善区域基础教育资源共享的管理机制，有效协调各主体的利益分配等各种关系。其次，要增强基础教育资源共享意识。教育行政部门和中小学以及幼儿园要突破求稳怕乱的固有思维，充分认识到教育资源共享是提高教育教学质量的内在要求，并在资金投入和政策保障等方面推动教育资源共享。教师、学生、家长等群体要有长远眼光，积极参与优质基础教育资源建设和使用活动，为建立合作共赢、协同创新的区域基础教育资源共享环境筑牢群众基础。最后，要落实基础教育资源共享行动。以需求为导向，切实提升基础教育各学段均等

化水平。聚焦推动学前教育普惠发展，深入实施农村学前教育全覆盖工程，加快实现农村幼儿园全覆盖。主动适应义务教育学龄人口变化和城镇化发展需要，科学编制城乡中小学布局规划，统一县域内城乡义务教育学校办学标准。深入实施县域普通高中振兴计划，全面改善办学条件，增加学位供给，加大县域高中教师补充力度，注重补齐紧缺学科教师。

（三）加大产教对接，提升职业教育适应能力

职业教育是培养高素质劳动大军和技能人才的教育，相较于其他教育类型，职业教育的社会性和实践性更强，产业动向时刻影响技能人才基本能力构成，而市场反馈则是检验职业教育育人质量的基本参照。因此，要将经济社会发展对技能人才的即时要求作为统筹高质量职业教育体系建设工作的重要考量，在持续深化京津冀三地产教融合、校企合作的进程中，不断提升职业教育对经济社会发展的适应能力。一是校企"联姻"，增强技能人才实用性。河北职业院校要增强"走出去"的意识，积极联合京津地区龙头企业深度参与人才培养方案制定、专业设置、课程规划、教材开发等工作。探索产教融合培养模式，鼓励京津冀地区行业头部企业牵头，建立区域性、行业性职业教育集团，形成专业技能人才培养的集聚效应，培养精准满足京津冀产业发展需求的"应季"人才。二是产教对接，提升人才培养针对性。对标京津冀产业发展动向，适时开展专业结构调整工作，是提升职业教育育人针对性，持续为市场培养并输送"有用"技能人才的关键。要健全职业院校专业结构动态调整机制，紧密对接经济建设和社会发展需求，撤并淘汰落后专业、改造升级传统专业、加快布局紧缺专业、优先发展新兴专业，逐步形成适应京津冀区域重点产业发展的专业集群。三是信息共享，拓展技能人才择业空间。积极建立由发改委牵头，教育、人社、国资、科技、工业和

信息化、财政、税务、农业农村等部门协同配合，有关企业、行业组织等社会力量广泛参与的产教融合推进机制，加快开发并上线省级层面的产教融合信息共享平台，分类编制发布京津冀地区产业结构动态调整报告、行业人才就业状况和需求预测报告，在为各类市场主体提供精细化人才服务的同时，扩展技能人才择业渠道，增加技能人才就业机会。

（四）把握发展机遇，开创高等教育崭新局面

在河北高等教育有"高原"而无"高峰"的现实困境下，京津冀协同发展、雄安新区设立等国家战略决策，给河北高等教育带来新转机。一方面，河北应用足、用好现有政策红利，主动跟京津高校亲密互动、深度合作。遵循国家关于在京高校疏解的总体安排，全力做好在京高校疏解承接工作，吸引并支持北京优质高等教育外迁。按照《河北省教育事业发展"十四五"规划》要求，结合雄安新区规划布局和建设时序，推动建设雄安新区大学园区，吸引更多高端高新资源和创新要素汇聚，形成高等教育新高地。推动河北工业大学、河北大学、燕山大学等河北省骨干高校与京津地区"双一流"建设高校，在教育教学、师资共享、联合培养、课程开发、智库建设等多个方面开展深层次交流合作。发挥京津冀高校协同创新龙头作用，利用京津高校科研创新优势，开展联合创新攻关，提升河北高校科研创新水平。另一方面，河北要树立"打铁还需自身硬"的发展理念，深耕高等教育高质量内涵式发展，加快推进大学治理体系现代化。一是完善以党的领导为核心的内部治理体系。党的领导是办好中国特色社会主义大学的根本保证。要坚持和完善以高校党委领导下的校长负责制为核心，以职能部门和专业院系为依托，以学术委员会、教职工代表大会、学生代表大会等为支撑的现代化大学内部治理体系。稳步形成"党委领导、校长负责、教授治学、民主管理"的治理格局，不断提

升高校办学治校的治理能力。二是探索以服务需求为特色的学科建设体系。学科建设水平是一所高校核心竞争力的集中体现。河北各高校应立足本校实际，服务京津冀区域重大需求和经济社会发展，系统优化学科专业结构，切实解决高校学科设置同质化、办学特色不突出、与社会需求脱节等问题。三是构建以协调发展为目标的分类办学体系。把多样性、特色化作为高等教育改革发展的战略选择，既发展研究型大学，也发展应用型大学。结合不同类型高校的办学理念和资源要求，探索分类评价的管理机制和体系标准，建立适应不同高校的经费投入、人事管理、监测评估制度，逐步构建与经济社会发展需求相适应的河北高校分类办学体系。

（五）强化资金支持，健全经费投入保障机制

教育事业的健康快速发展，离不开外部资金支持。河北要落实中央对教育投入"两个只增不减"要求，进一步优化支出结构，提高经费使用效能，积极筹措资金支持教育事业优先发展，切实为构建人民满意的高质量教育体系夯实财政基础。一是加大资金投入力度。进一步健全财政教育投入机制，确保一般公共预算教育支出逐年只增不减，确保按在校学生人数平均的一般公共预算教育支出逐年只增不减。发挥财政资金的引导作用，吸引更多的社会资源共同促进教育事业发展。二是优化教育经费支出结构。加大教育经费统筹力度，推动教育经费使用重心从规模扩张向质量提升和结构优化转移，从硬件设施建设向教育教学改革和教师队伍建设等转移，向困难地区和薄弱环节倾斜，促进各级各类教育和区域教育协调发展。三是提高教育经费使用绩效。不断提高经费管理科学化、精细化水平，完善资金管理制度，落实经费使用管理主体责任，建立健全"谁使用、谁负责"的教育经费使用管理责任制。加强教育经费使用绩效评价，完善管理办法，建立全覆盖全过程全方位的教育经费监管体系。

强化结果应用，将绩效评价结果作为完善政策、优化结构、改进管理的重要依据。

（六）布局智慧教育，赋能教育数字化体系建设

随着科技的进步，多媒体越来越广泛地应用到教学中，智慧教育成为信息时代教育发展的必然趋势。在政策部署方面，2020 年，河北省人民政府印发《河北省数字经济发展规划（2020—2025 年）》，将开展智慧教育行动列为布局数字经济发展的专项行动之一，系统谋划，高位推进。在现实需求方面，随着京津冀协同发展的深入推进，三地人才需求变化倒逼教育系统进行全面、彻底的转型和升级，建设以数字化为支撑的高质量教育体系是应对新阶段人才培养挑战的必然选择。其一，要发挥信息化所独有的突破时空限制、快速复制传播、呈现手段丰富的显著优势，促进京津冀地区教育公平。通过信息化建设将京津冀地区的名校、名师优质资源输送到农村学校和偏远地区，逐步形成先进带落后、城区带乡村、优质学校带薄弱学校、优秀教师带普通教师的格局，有效缩小区域、城乡、校际差距，推进教育城乡一体化发展。其二，要加强教育信息化基础设施建设，大力发展"互联网+教育"，形成广泛汇聚、深度融合、集约高效的教育大数据体系。结合河北数字经济发展规划，以"河北教育网"等既有品牌为龙头，整合融通各级各类教育管理公共服务平台和教育资源公共服务平台，逐步建成教育管理与教育资源互通互联的综合服务大平台。其三，要走信息技术同教育教学的融合之路。开发和引进在线精品教学资源，推动形成纸质教材和数字资源相结合的课程资源体系，支持学生灵活选择和组合应用。将 STEAM 编程教育纳入中小学课程体系，提升学生实操能力和数字使用技能。面向教师队伍，组织开展信息技术应用能力培训，全面提升各类学校校长信息化领导力和教师信息化教学水平。

参考文献

《把保障人民健康放在优先发展的战略位置 着力构建优质均衡的基本公共教育服务体系》，《人民日报》2021 年 3 月 7 日。

《教育部长陈宝生〈旗帜〉撰文：深入学习贯彻习近平总书记关于教育的重要论述》，"微信教育"百家号，2020 年 3 月 4 日，https：//baijiahao.baidu.com/s？id=1660195793118787436。

高兵：《京津冀教育协同发展的现代化路径探索》，《教育理论与实践》2015 年第 22 期。

李奕：《京津冀继续教育协同发展的机遇、挑战及对策——2016 年京津冀成人继续教育协同发展研讨会综述》，《开放学习研究》2016 年第4 期。

孙久文、原倩：《京津冀协同发展战略的比较和演进重点》，《经济社会体制比较》2014 年第 5 期。

肖罗：《教育公益性原则事关民生福祉》，《光明日报》2021 年 3 月15 日。

张力：《步入高质量发展阶段的基础教育新格局》，《陕西教育》（综合版）2021 年第 Z1 期。

周洪宇：《建设高质量教育体系 迈向教育发展新征程》，《中国教育报》2020 年 11 月 12 日。

借 鉴 篇
Reference Reports

B.9
区域教育现代化监测评估实施路径的
突破与探索

——以长三角为例

潘奇 公彦霏 张珏*

摘 要: 开展长三角教育现代化监测评估是教育系统落实中共中央、国务院《长江三角洲区域一体化发展规划纲要》的重点工作,也是我国进行区域教育现代化监测评估的首次尝试。长三角教育现代化监测评估工作建立了多方协同的监测评估组织机制,集聚多方专业力量形成了智库大平台,研发了"一体两翼多维"评估工具,实现了数字化

---

* 潘奇,上海市教育科学研究院智力开发研究所副所长,长三角教育现代化监测评估中心副秘书长、副研究员,主要研究领域为人力资源与教育规划、教育评价等;公彦霏,上海市教育科学研究院民办(终身)教育研究所助理研究员,主要研究领域为教育评价测量;张珏,上海市教育科学研究院原副院长,长三角教育现代化监测评估中心执行主任、研究员,主要研究领域为教育现代化、教育评价。

驱动的技术赋能，建立了以服务决策咨询为核心的监测评估结果运用机制。未来，此项工作将贯彻落实以人民为中心的思想、《深化新时代教育评价改革总体方案》精神，开展有组织的科研，发挥长三角教育先行先试和辐射带头作用，服务全国教育现代化发展大局，丰富和完善大国区域教育治理现代化理论与实践。

关键词： 区域教育　教育现代化　长三角

一　实施区域教育现代化监测评估的重要意义

在 2018 年教师节召开的全国教育大会上，习近平总书记发表重要讲话，为加快推进教育现代化、建设教育强国、办好人民满意的教育指明了方向。[①] 2019 年 2 月，中共中央、国务院印发《中国教育现代化 2035》，同时中共中央办公厅、国务院办公厅还发布了《加快推进教育现代化实施方案（2018—2022 年）》，明确提出推进教育现代化区域创新试验，纵深推进以雄安新区、粤港澳大湾区、长三角、海南自贸区、"一带一路"和中西部地区"四点一线一面"为重点的区域教育创新试验。[②]

2018 年 11 月，在首届中国国际进口博览会上，习近平总书记宣

---

① 《习近平出席全国教育大会　并发表重要讲话》，半月谈网站，2018 年 9 月 11 日，http://www.banyuetan.org/jrt/detail/20180911/100020003313499153663202 8299959736_1.html。

② 《中共中央办公厅、国务院办公厅印发〈加快推进教育现代化实施方案（2018—2022 年）〉》，中国政府网，2019 年 2 月 23 日，https://www.gov.cn/xinwen/2019-02/23/content_5367988.htm。

布支持长三角区域一体化发展并上升为国家战略①；2019 年 12 月，中共中央、国务院印发《长江三角洲区域一体化发展规划纲要》，提出："率先实现区域教育现代化……研究发布统一的教育现代化指标体系，协同开展监测评估，引导各级各类学校高质量发展。"② 长三角率先实现区域教育现代化是中共中央、国务院对长三角一体化发展提出的工作要求，是长三角在国家经济社会和教育现代化发展大局中重要地位与引领作用的具体体现，是长三角实现一体化高质量发展、促进全体人民共同富裕的坚强支撑，也是长三角发挥带动示范作用、推进教育强国建设的重要环节。

开展长三角教育现代化监测评估是教育系统落实中共中央、国务院《长江三角洲区域一体化发展规划纲要》的重点工作，既是我国进行区域教育现代化监测评估的首次尝试，也是新时期、新阶段引导和激励区域教育高质量发展的重要路径选择。2021 年 4 月，经推动长三角一体化发展领导小组办公室衔接审核，教育部组织发布了《长三角教育现代化指标体系（试行）》（以下简称《指标体系》）。2021 年 8 月，教育部组织召开了由国家发展改革委相关司局、一市三省教育行政部门及研究机构共同参与的长三角教育现代化监测评估工作启动会，孙尧副部长代表教育部做工作部署，正式启动长三角教育现代化监测评估相关工作。③

党的二十大明确提出，建成教育强国是我国 2035 年的总体目标

① 《加快推进长江三角洲区域一体化发展》，求是网，2019 年 12 月 20 日，http：//www. qstheory. cn/zhuanqu/bkjx/2019-12/20/c_ 1125369719. htm。

② 《中共中央 国务院印发〈长江三角洲区域一体化发展规划纲要〉》，商务部网站，2020 年 1 月 19 日，http：//www. mofcom. gov. cn/article/b/g/202001/2020 0102931567. shtml。

③ 《院长桑标带队参加教育部长三角教育现代化监测评估工作启动会》，上海市教育科学研究院网站，2021 年 9 月 3 日，https：//www. cnsaes. org. cn/Information/Detail/14317。

之一，要坚持以人民为中心建设高质量教育体系。教育现代化是教育的高水平发展状态，中国式教育现代化是解决中国教育改革发展问题的本土化、特色化选择和方案。中国式现代化需要教育现代化的支撑。开展长三角教育现代化监测评估，是我国进行区域教育现代化监测评估的首次尝试，也是新时期、新阶段引导和激励区域教育高质量发展的重要路径选择，对于实质性推进长三角教育一体化发展、引领带动全国教育高质量发展、进一步丰富和完善大国教育治理现代化理论与实践以及积极贡献中国方案和中国智慧，具有重要的现实意义。

二 长三角教育现代化监测评估的典型特点

与其他类型的评价相比，长三角教育现代化监测评估具有两大典型特点。

（一）长三角教育现代化监测评估是以教育现代化为引领的区域性教育评价

党的二十大报告指出，要以中国式现代化推进中华民族伟大复兴。[①] 长三角在国家现代化建设大局和全方位开放格局中具有举足轻重的战略地位。长期以来，长三角区域是我国经济发展最活跃、开放程度最高、创新能力最强的区域之一。根据第七次全国人口普查数据，长三角区域每 10 万人口中拥有大学文化程度的人口已经超过1.8 万人。

长三角区位优势明显，国际联系紧密，协同开放水平较高。尤其

---

① 《习近平：高举中国特色社会主义伟大旗帜 为全面建设社会主义现代化国家而团结奋斗——在中国共产党第二十次全国代表大会上的报告》，中国政府网，2022 年 10 月 25 日，http：//www.gov.cn/xinwen/2022－10/25/content_ 5721685.htm。

是在加快形成以国内大循环为主体、国内国际双循环相互促进的新发展格局中，长三角具有人才富集、科技水平高、制造业发达、产业链供应链相对完备和市场潜力大等诸多优势，具有勇当我国科技和产业创新的开路先锋的基础，具备加快打造改革开放新高地的担当。同时，长三角区域也一直是改革开放前沿阵地，具有国际一流的营商环境，对国内外人才和企业具有很强的吸引力。教育是长三角区域一体化的最大民生工程之一，教育高质量一体化发展是长三角区域一体化发展的应有之义和重要内容。聚焦区域高质量发展，长三角教育率先在若干领域深化协作、重点发力，要充分发挥长三角教育现代化的重要引领功能和支撑作用。

推动长三角率先实现区域教育现代化，就要发挥好《指标体系》"指挥棒"作用，突出强化其"监测"和"评估"两大核心功能，在"动态监测"方面强调目标导向、过程监控、深度分析和动态预警，在"综合评估"方面强调问题诊断、短板分析、案例挖掘和经验总结，努力为教育部和长三角各地精准施策提供支撑。[1]

（二）长三角教育现代化监测评估是综合性教育评价在区域维度的生根发芽

《深化新时代教育评价改革总体方案》明确了改革党委和政府教育工作评价、学校评价、教师评价、学生评价和用人评价方式等重点任务，而长三角教育现代化监测评估以坚持高质量发展和率先实现教育现代化为导向，几乎涵盖了新时代教育评价所有的重点任务。坚持高质量发展，就是要全面贯彻党的教育方针，坚持立德树人，加强师德师风建设，努力培养德智体美劳全面发展的社会主义建设者和接

---

[1] 潘奇：《发挥长三角教育现代化监测评估"指挥棒"作用》，《中国教育报》2022年7月28日，第3版。

班人。对照党的十九届五中全会要求，监测评估工作要注重引导各级各类教育深化改革，促进基层和一线探索创新，切实提升学生的文明素养、增强学生的社会责任意识和实践本领。坚持率先发展，"到2025年，长三角地区整体率先实现教育现代化"战略目标，对政府履职提出了要求。

此外，作为综合性评估指标体系，长三角教育现代化监测评估指标体系在设计时还充分体现了权威性、引领性和特色性的特点。权威性体现在将国家法规、教育现代化规划、各领域指导文件明确要求的指标，如经费的两个"只增不减"、近视率每年降低 0.5 个百分点等纳入指标体系，强化对政府、学校等完成国家目标任务的督促和引导。引领性体现在基于区域率先探索的功能定位，重点面向全国，如率先实现《中国教育现代化 2035》目标要求，放眼世界，如对标发达国家和率先落实联合国教科文 2030 年行动倡议内容等，设置了一些引领性指标，包括中小学校长课程领导力、实践性教学课时 50%以上职业院校比例、融合教育资源覆盖率、残疾儿童少年接受 15 年教育的比例以及高校科技创新基础能力等。特色性体现在区域的一体化和区域内各地创新发展上，设置了一些指标以体现长三角教育高质量一体化发展的水平与特色，如中小学优质课程资源共享覆盖率、区域创新共同体建设的普通高校参与水平。就各省市举例而言，如上海的"三圈三全十育人"思政工作体系建设水平、江苏的优质幼儿园比例、浙江的每百名学生拥有功能教室与创新实验室达 2个以上的学校比例和安徽的职业教育涉农专业开设数及比例等。

三　长三角教育现代化监测评估
实施路径的突破

从监测评估的落实和实施出发，长三角教育现代化监测评估工作在组织机制建立、专业力量汇聚、评估工具运用、信息技术运用和监测成果转化等方面进行了有益探索，形成了一定的创新模式，具体体现在以下几个方面。

（一）建立多方协同的监测评估组织机制

以新时代教育评价改革精神为指引，长三角教育现代化监测评估形成了政府主导和监督评估，专业机构发挥第三方评估客观性、专业性功能，学校、技术公司和社会各界多元参与的组织机制。其中，在政府层面涉及中央政府（教育部）和地方政府（省、市、区县），中央政府是监测评估的实施者，地方政府是被评估对象，并根据教育层级下沉到地级市和区县一级，同时体现了省一级政府对下一级政府的考察。为更好地体现国家战略导向和进行组织保障，教育部按照党中央、国务院工作部署，设立长三角教育现代化监测评估领导小组及其办公室这样的专门组织协调机构，建立工作推进体系，统筹一市三省教育行政部门，制订"长三角教育现代化协同监测评估工作方案"，按计划推动开展各项监测评估工作。[①]

在具体工作落实上，进行了"官研融合"的制度安排，在教育部长三角教育现代化监测评估领导小组办公室的协调推动下，一方面，教育行政部门全面委托长三角内教育研究机构具体承担各项监测评估研究工作；另一方面，在动员、组织基层及学校配合以及帮助获取数据信息等重要环节，注重发挥行政优势，通过直接和间接参与，为监测评估工作顺利开展提供必要条件和保障。

总体来说，政府有信息优势和队伍优势；第三方评估（智库）在保证评估的客观性、独立性，拓宽评价的维度和视角，提高评

---

① 《院长桑标带队参加教育部长三角教育现代化监测评估工作启动会》，上海市教育科学研究院网站，2021 年 9 月 3 日，https：//www.cnsaes.org.cn/Information/Detail/14317。

估结果的科学性和公信力等方面具有优势①；技术公司有技术优势，符合数字化转型方向，不断提升监测评估智能化水平，提升监测评估工作的效率；学校和社会则从被评估对象和结果运用角度，对监测评估工作提供直接的反馈和监督，推动长三角教育现代化监测评估工作持续改进和不断拓宽成果信息渠道。

（二）建立多方专业力量集聚的智库大平台

自 2021 年 8 月 31 日始，在教育部长三角教育现代化监测评估领导小组办公室的指导和支持下，对照教育部"长三角教育现代化协同监测评估工作方案"，在教育经济宏观政策研究院成立"长三角教育现代化监测评估中心"，全面推进监测评估各项工作。教育经济宏观政策研究院成立于 2013 年，由教育部与上海市人民政府协议共建并给予工作指导、提供经费支持，华东师范大学与上海市教育科学研究院联合承建。"长三角教育现代化监测评估中心"的建设体现了研究机构的"一体化"和"高度协同"，尝试探索了"固定人员+多机构+X"多元参与机制。具体来说，监测评估工作的开展采取"小核心、大外围"的组织构架，完善了评价机构，并且组建了专业的评价团队。

一是配备常驻"监测中心"人员。上海市教育科学研究院和华东师范大学确定专门从事这项工作的人员，并分别设置"监测中心"专用的工作场所，统筹协调各方关系，为相关人员提供切实的保障。充分发挥华东师范大学、上海市教育科学研究院教育智库已有优势，华东师范大学结合博士生、博士后培养为项目研究提供人力资源支持；上海市教育科学研究院推进智库建设、团队建设，支持相关人员共同参与监测评估工作。二是参照《指标体系》联合研究工作机制

---

① 杨伟民等：《新中国发展规划 70 年》，人民出版社，2019。

和长三角一体化内涵，形成常态化参与监测评估工作的机构，包括江苏省教育评估院、浙江省教育现代化研究与评价中心、安徽省教育评估中心、安徽师范大学和华东理工大学等。三是形成长三角区域内外协同参与监测评估工作的机构网络。主要通过合作、委托、共建共享等方式，广泛吸收和集聚长三角区域内外相关专业力量和专家智慧，开展长三角教育现代化监测评估相关的专题研究，为不断提升监测评估理论和实践水平、推进区域教育治理现代化提供有力支撑。参与监测评估工作的其他机构主要包括上海交通大学、同济大学、上海财经大学、上海外国语大学、上海师范大学、清华大学、安徽师范大学、北京师范大学（教育部基础教育质量监测中心）、中国教育学会、中国教育科学研究院、教育部教育发展研究中心、教育部学校规划建设发展中心等。

（三）研发"一体两翼多维"评估工具

长三角教育现代化监测评估开发了以"监测目标达成度、教育现代化指数、监测点多维分析、专题深化研究、改革创新典型案例"为支柱的区域教育现代化立体、综合性的监测评估工具体系。

"一体"是指以《指标体系》为核心，基于多源异构的数据特征，推动区域内各地教育行政部门共同参与，建立规范的数据填报和汇总分析系统，采集并分析国家教育统计数据信息、一市三省教育填报数据信息、第三方教育相关数据信息、大规模抽样调查数据信息。尤其是注重完善非数量指标相关信息采集以及问卷调查的全区域、各地内部工作体系，运用科学技术手段，不断提高相关信息的可靠性。与此同时，建立包括长三角区域整体、区域内各地、国内相关区域、不同类型国家和地区的教育、人力资源、经济社会发展等相关数据信息在内的数据库和分析平台，并形成逐年积累、更新迭代的优势和特点。

"两翼"是指构建监测目标达成度分析模型和编制教育现代化指

数。具体来说，长三角教育现代化监测评估需要判断总体发展水平和监测目标实现程度，纵向比较连续年度上指标的进步程度、横向比较区域之间的差异以及在国内国际参照系中所处的相对位置，深入分析与指标相关联的经济社会发展、教育体制机制改革等因素，因此需要研发描述教育现代化的监测目标达成度分析模型和长三角教育现代化指数。通过使用监测目标达成度分析模型，判断长三角及一市三省教育现代化水平，并系统分析总体、分层、分类以及全体监测点的监测目标达成情况及变化趋势，研判区域及各地教育现代化的发展水平、进步程度及努力程度，挖掘影响总体、各级教育、重点环节目标达成度的主要因素，服务政府和教育行政部门把控全局、科学决策。通过编制长三角教育现代化指数，判断长三角及一市三省教育现代化相对地位及变化，也即通过编制全国、区域、一市三省及各地乃至不同类型国家的教育现代化指数，判断长三角及一市三省在全国、全球教育中的相对地位及排行变化，并通过与其他排行的关系对比，分析各自相对地位、排行变化的影响因素。

"多维"是指在多维分析框架下对每一个监测点都进行多维分析，通过多维分析，判断相关领域、环节的发展水平、变化趋势、监测目标差距等。通过监测点多维度分析与长三角及一市三省监测点比较，总结提炼监测点对应领域、环节在不同维度比较中的成就、经验、特点和问题、短板、困难，进行预测、预警预报，服务各地发挥优势，针对问题查找原因，精准施策、补齐短板。此外，长三角教育现代化监测评估还收集汇编长三角及一市三省教育现代化典型案例，对长三角及一市三省监测评估结果进行对照和互相印证，丰富长三角教育现代化高质量发展内涵。经典案例可以用于促进、引导一市三省互学互鉴，提炼和总结一市三省的做法，形成可借鉴、可复制、可推广的经验，丰富区域教育治理现代化的内涵与经验，发挥区域教育现代化标杆示范和引领作用。

（四）实现数字化驱动的技术赋能

按监测评估工作要求，对照指标体系的功能和特点，长三角教育现代化监测评估中心深入学习领会"方法重于技术、组织制度创新重于技术创新"的工作理念，秉持"让数据正确说话、用数据科学决策、靠数据支撑治理"的监测评估系统建设原则，从发挥监测评估功能、服务一市三省教育决策、引领长三角教育数字化转型等角度出发，扎实推进监测评估分析系统建设。

监测评估分析系统建设推进了数据信息快捷获取、智能分析、多维比较、动态跟踪、数据挖掘、模型优化和监测评估成果的便利展示，为科学决策和精准施策提供及时有力的服务支撑。围绕监测评估成果展示等核心功能，形成11个功能模块。其中，领导驾驶舱为核心，监测点多维分析、监测评估报告、专题研究报告等3个模块为决策支持模块；抽样调查、数据填报、典型案例、观测站点等4个模块为监测评估实施路径；协同监测、数据底座、监测动态3个模块为监测评估工作基础。

（五）建立以服务决策咨询为核心的监测评估结果运用机制

作为一项重要制度安排，监测评估贯穿长三角教育现代化建设规划的设计、实施和总结的全过程，但最终落脚点在运用监测评估结果服务教育决策上。开展长三角教育现代化监测评估的初心是评估区域教育发展战略的实施进展和成效，发现并研究解决问题，推动规划落实。

长三角教育现代化监测评估工作建立了三方面的制度。一是建立了信息反馈制度，服务教育科学决策和精准施策。已初步建立了监测评估结果反馈机制，形成并完善了监测评估年度报告制度，通过分层分类反馈机制和报送制度，实施分级预警预报机制，服务政府科学决策，支撑教育行政部门和教育机构精准施策。二是探索了政府部门响应机制，针对监测评估中发现的各类问题，统筹各级政府以及发展改革、财政、机构编制、教育、科技、人力资源和社会保障、自然资源等部门共同施策，在基础设施建设、人员配置、队伍建设、资源开发利用、制度保障等方面采取有效举措，补齐发展短板，将工作任务分解落实到具体部门以及区县和有关学校，并纳入对相关部门和机构的履职评价范围予以督促落实。三是推动建立数据信息公开制度，服务社会了解、支持和参与教育。通过多种方式公开长三角教育现代化监测评估相关数据信息，满足广大人民群众了解教育的多样化需求，推动社会各界关心教育和参与教育治理。发布科学、系统、权威的实证研究结果以及改革发展典型案例，总结宣传长三角教育现代化发展取得的成就、进展、经验以及各级党委政府和社会各界做出的巨大努力，正确引导相关媒体和社会舆论，为公共监督提供依据，营造全社会共同推动长三角教育一体化高质量发展的良好氛围。

四 区域教育现代化监测评估实施路径的完善方向

我国教育事业的特点是规模巨大、不平衡不充分问题突出，各地各区域处于不同的发展阶段，各自的发展目标和重点也有较大差别，需要分阶段、分区域推进教育现代化。长三角教育现代化监测评估通过研制科学的指标体系和开展区域协同监测评估，引导和促进长三角加快实现教育现代化，是我国推进区域教育现代化监测评估的首次尝试，当然这也是一项探索性的工作，未来可以朝着以下方向持续完善实施路径。

（一）贯彻落实以人民为中心的思想，坚持以问题导向、目标导向和效果导向推动监测评估实施

一是要从国家教育现代化发展大局和如期实现发展目标出发，立足促进长三角地区率先高水平实现教育现代化，为全国树立标杆和旗子，引领长三角教育展现走在前列、勇立潮头的担当。二是要着力破解区域教育现代化发展的体制机制难题，注重直接听取人民的呼声，努力解决与人民群众切身利益相关的教育热点、难点和重点问题，让基层看到明确的方向，让人民群众实实在在获益。三是要总结、利用好长三角教育现代化指标体系调研和开发工作积累的经验教训，推动长三角教育治理现代化跨上新台阶，为教育部、长三角各地教育部门实现科学决策、精准施策提供支持与服务，并探索建立信息发布制度，主动宣传，引导全社会了解教育、支持教育、参与教育。

（二）贯彻落实《深化新时代教育评价改革总体方案》精神，确保监测评估的科学性和创新性

面对长三角区域内处于不同发展阶段、面对不同发展要求的各地教育，一是要不断推动理论与实践创新，着力探索科学、系统、合理、可操作的监测评估方法和途径，推动区县、学校试点，加强动态监测，开展质性研究，共建共享，持续深入开展监测评估理论、工具和制度等方面的专题研究。二是要结合国家教育数字化战略行动，依托5G、人工智能、大数据、云计算、区块链等新一代信息技术的数字化基础建设和更新迭代，高标准开发、建设和利用长三角教育现代化监测评估系统，加快实现国家统计数据信息、国内外第三方权威数据信息及其他非结构化动态数据信息采集、甄别及合理运用的智能化，更好地保障监测评估结果客观、科学、公正及可靠。三是要形成

更加稳定的跨区域、跨部门研发队伍和工作平台，支持专业教育研究结合一流教育智库建设、区域内外大专院校结合高层次专门人才培养，并协同区域内外多方面专业研究力量，形成政研结合、专兼结合、相对稳定的高水平监测评估队伍，积极参与相关的研究工作和监测评估实施工作。

（三）按照"有组织的科研"特点创新区域教育现代化监测评估组织方式

具体体现在：一是增强评估目标的战略性，如在保持总体目标不变的前提下动态调整年度目标，年度目标重点聚焦国家最新指导精神和人民群众最关注的领域；二是增强项目组织的协同性，持续强化实施主体的组织机构建设，建立上下左右畅通的沟通机制，加快推动学习共同体建设；三是增强评估程序的高效性，如基于信息化技术再造监测评估流程，推动基于智能化的数据分析结果自动化生成；四是增强科研成果的集成性，如推动成果多维发布，加强区域教育现代化监测的品牌建设，形成具有中国特色和区域特点的现代化指数、有影响力的论坛和系列成果等。

（四）发挥长三角教育先行先试和辐射带动作用，服务全国教育现代化发展大局

遵循教育现代化动态发展的特点和规律，在监测评估实践中不断完善《指标体系》，将党和国家推动教育现代化、教育改革发展的最新要求以及区域教育现代化发展的内外部需求，及时转化为监测评估内容，增强《指标体系》和监测评估工作的现实指导作用，为其他区域乃至全国开展教育现代化监测评估工作提供借鉴和支持。推动区域教育现代化监测评估理论和实践创新，通过不断探索、动态修正、及时总结经验教训，逐步形成具有中国气派、符合区域特点、科学可

靠的理论方法体系、指标体系、实用工具体系、技术支持体系、应用服务体系和组织保障体系。不断总结凝练可复制、可借鉴的做法及经验，丰富大国区域教育治理现代化理论和实践，加强对内对外合作交流，在全球教育治理中做出积极贡献。

B.10
现代大学书院导师制的育人路径、机制保障与实施效果

——基于上海和江苏的调查*

万　圆　杨忠孝**

摘　要： 上海和江苏两地的高校书院导师制普遍构建了多元主体共同参与、同向同行的"育人共同体"，丰富升级了传统本科生导师制和思政教育的主体要素、时空要素、内容要素。通过打造身份多元的全员育人团队、建立全过程贯穿式育人链条、致力于全方位高质量育人，现代大学书院导师制创新了"三全育人"的实施路径，并以制度+情怀共同保障指导成效。X大学的个案调查结果表明，该校书院导师制在师生满意度和收获方面都有明显成效，同时仍有较大的改进空间。

关键词： 现代大学书院　导师制　"三全育人"

引　言

自2017年中共中央、国务院印发《关于加强和改进新形势下高校

---

* 本报告系全国教育科学"十四五"规划2022年度国家一般课题"我国现代大学书院制15年'本土化'探索的反思与重构"（BIA220063）的阶段性成果。

** 万圆，华东政法大学中国法治战略研究院副研究员、硕导；杨忠孝，华东政法大学教授、博导，党委教师工作部部长。

思想政治工作的意见》，明确提出坚持全员全过程全方位育人以来，高校构建大思政格局的重要性和迫切性凸显，并积极探索践行"三全育人"的有效路径。近年来，我国已有超过 100 所高校设立发展模式多元的新型书院，以推进本科阶段的人才培养机制变革，提升学生的知识整合能力与道德素养。基于对上海和江苏的调查（见表 1），本报告发现两地高校的书院制教育改革特别重视将多维导师制作为密切师生关系、为书院学生成长保驾护航的核心举措，并普遍构建了多元主体共同参与、同向同行的"育人共同体"，从而很好地契合了"三全育人"的理念与要求，同时创新了"三全育人"的实施路径。

表 1　上海、江苏高校书院多维导师制列举

地域	高校	书院成立背景	导师制架构
上海	华东师范大学（以下简称"华师"）	2007 年成立孟宪承书院，2012 年开始实体化运营	组建了聚齐人生导师、社会导师、常驻导师、朋辈导师、兼职班主任的多元导师育人团队
	华东政法大学（以下简称"华政"）	2017 年揭牌成立文伯书院	设立了对应每个法学新生班级的"2 个专业导师+1 个管理导师+1 个文史哲艺导师+1 个校外导师+2 个导生"的导师团队架构，以有力完善辅导员管理机制
	上海大学（以下简称"上大"）	2007 年成立社区学院，从 2018 年开始持续推进全程导师制和书院制建设	打造了导师、导生、辅导员、学生干部、社区管理员"五位一体"的育人队伍
江苏	苏州大学（以下简称"苏大"）	2011 年成立敬文书院，2012 年成立唐文治书院	构建了包括学业导师、德政导师、常任导师、社区导师、助理导师、校外导师六类导师的指导团队
	南京审计大学（以下简称"南审"）	2014 年成立润泽澄沁四大书院	搭建了通识教育导师、公共基础课导师、就业导师、社团导师和常任导师（辅导员）五类导师组成的梯级导师团队
	江苏师范大学（以下简称"江苏师大"）	2015 年成立敬文书院	搭建了驻院导师、专业导师、实践导师"三位一体"的导师工作体系

资料来源：自行绘制。

本报告在了解和掌握全国高校书院导师制整体概况的基础上，以上述六所高校为关键案例，通过整理分析规章制度、政策文本、内部研讨会记录等相关资料，对其实施路径与管理机制进行比较、归纳和提炼，以期为我国高等教育系统推进"三全育人"工作提供经验启示。同时，本报告对六所案例校中的一所高校的书院导师制的实施效果进行了综合调查。由于普遍重视构建师生良性互动的平台，现代大学书院导师制在助力学生全面发展之余，往往还承载着培育师生共同体的重任。为了全面探究书院导师制的成效，于2018~2019年对X校书院导师制开展了两轮综合调查，通过文本分析、个别访谈、焦点小组座谈、问卷调查、现场观察等多种方式收集了丰富的一手数据。其中，个别访谈和问卷调查的开展依据目的性抽样和分层性抽样的原则选取调研对象，即根据指导者身份、指导效果等一对一访谈各类指导者，同时面向导师和受指导学生发放调查问卷（见表2）。

表2 X校书院导师制综合调查情况

调查形式	样本类别	样本属性	样本数量/调研次数	备注
个别访谈（29人）	导师	书院制教育改革设计者	1人	亦为书院导师，法学背景
		导师制主管	1人	法学背景
		专业导师	9人	法学类导师4人、文史哲艺类导师5人
		管理导师	3人	均为法学背景
		校外导师	2人	均为法学背景
	导生	本科导生	5人	法学以外专业学生1人，法学专业学生4人
		硕士导生	3人	均为法学背景
		博士导生	2人	均为法学背景
	被导学生	书院新生	2人	
	辅导员		1人	

调查形式	样本类别	样本属性	样本数量/调研次数	备注
焦点小组座谈（4场）	导生		2场	
	书院新生		2场	
问卷调查（3次）	导师		1次	向书院全体导师发放专项调查问卷，回收率为53.5%（77人参与）
	书院新生		2次	1次为书院导师制第一学年学生专项问卷调查，回收率为67.3%（786人参与）；1次为书院制教育改革第一学期问卷调查（内含导师制部分），回收率为75%（871人参与）
文本分析	《文伯书院导师手册》、《文伯书院导师指导案例集》、书院导师制工作总结、导师指导工作报告、相关会议记录等			
现场观察	导师见面会		2次	

一　指导主体复数化：打造身份多元的全员育人团队

不同于传统本科生或研究生导师制的单兵作战，高校书院导师制调动和整合了各类优质教育资源。除辅导员、班主任之外，各学科专任教师、党政管理人才、各年级学长学姐、校外专家等均参与至指导工作中，组成校内外全员育人团队（见图1），并充分发挥不同角色的指导作用，从而在传统指导力量之上做加法，切实提高本科人才培养质量。内外多元指导主体的设计，源自学校认为应当凝聚全体师生、校友和社会爱心人士的力量推进书院导师制工作。因为书院导师制与人才培养模式改革息息相关，是一项系统工程，而人才培养改革的成功离不开所在系统各方力量的支持和配合。当然，由于资源和认知差异，不同学校的导师队伍在导师数量和身份构成上不尽相同，比如有双导师制、三导师制、四导师制、五导师制，但指导主体的复数化是普遍选择。

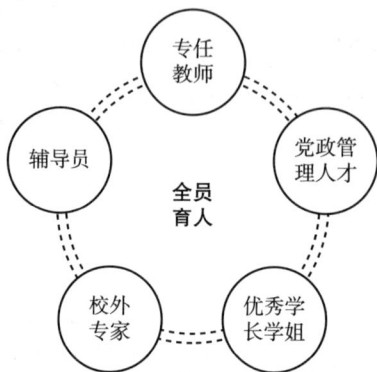

图 1　现代大学书院导师制全员育人团队

（一）专任教师：从上课到育人

作为承担高校教育教学任务的传统主体，专任教师是不可或缺的指导力量。然而，在以往的本科教育中，专任教师通常以上课为主，下课走人的现象屡见不鲜，师生互动甚少。即使是在本科生导师制中，亦存在不同程度的交流不够密切和深入的问题。为了改变师生疏离的情况，加上由专任教师担任导师具有导向示范性，有利于专业引导、学生管理工作的实效性增强、学生创新能力的培养①，邀请其担任书院学生的导师成为共识。例如，苏大敬文书院视学业导师为书院导师队伍中的重要支柱，聘任来自各个学院的资深教师负责学业辅

---

① 张建刚、韩立红：《高等院校专业教师担任本科生导师的 SWOT 分析及对策研究》，《经济研究导刊》2014 年第 29 期，第 177~179 页。

导，培养学生的科研创新能力，并发挥人生导师作用[①]；江苏师大敬文书院的专业导师均由专任教师担任，驻院导师也以专任教师为主[②]；华政文伯书院的专业导师队伍更是体现了专通结合的特点，该书院学生均为法学大类专业大一新生，导师队伍以法学类师资为主（包括法学大家和优秀法学"青椒"），但吸收了文史哲艺类等其他学科类别的教师。专任教师的加入，克服了大班授课无法顾及学生学业和个性差异的弊端，能够通过双方深入交流与接触来发掘、激发学生个体潜能。导师制搭建的育人平台，能够帮助专任教师实现教学科研与人才培养责任的有机融合。

（二）党政管理人才：从管理服务育人到直接育人

作为保障高校各项业务有序运转的行政力量，党政管理人员在现代大学治理中日益发挥着重要作用，在立德树人根本任务中亦有不可忽视的使命。过去，党政管理人员通常埋首于具体业务，或通过管理服务育人，甚少直接介入人才培养工作。事实上，高校党政管理人员通常具备硕士及以上学历，拥有较为专业的知识，而且对本职岗位的责任担当、对学校事业的发展规划、对规章制度的设置执行等具备与专任教师不同的视角。中层干部行列的优秀管理人才在实务工作经验、综合素质、社会交往等方面往往具有独特优势，能够为学生成长成才提供差异化的引导。基于上述考量，华政创新导师队伍特意邀请中层干部加入其中形成育人合力，并为书院这一校内新兴组织的办学运转争取更多认同、支持和外援。管理型导师类别的设置，是以导师制为依托探索高校管理育人的新路径，实现了党

---

① 时进：《苏州大学敬文书院：导师制从"输血"到"造血"》，《中国教育报》2015年5月14日，第12版。

② 《江苏师范大学敬文书院导师制实施办法（试行）》，江苏师范大学网站，2018年12月24日，http://gzzd.jsnu.edu.cn/0a/dd/c12179a264925/page.htm。

政管理人才从服务育人到深度融入育人事业的转型升级，不仅使学生享受到多元化的指导，还促进了不同条线教师的互相理解与配合，从而推进了高校整体办学水平和育人质量的提升。

（三）校外专家：学校与社会联动育人

校内外协同育人是对校内人才培养工作的有效补充，社会资源是育人力量的重要组成部分。曾经，社会力量与育人大计的关联并不强，学生与社会成功人士的接触以片段式的讲座或活动为主，交往不深，受教也有限。近年来，积极外拓资源构建"书院+社会"育人团队，引入杰出校友、各行业专家和楷模担任社会导师，成为高校书院践行全员育人的常态。六所案例校均邀请了校外热心人才培养事业者加入导师团队。其中，华师孟宪承书院更是在社会导师类别内下设教育导师、红色导师、素质导师，分别聚焦师范生能力发展、理想信念、师德养成教育，增强导师的引领示范作用，促进师范生学思践悟卓越成长。其中，教育导师多为基础教育界的知名校长、特级教师、一线名师，红色导师多由校外红色场馆研究员、英雄人员研究员担任，素质导师则从体育、艺术、劳动领域选拔社会知名人士担任，比如羽毛球世界冠军、上海话剧艺术中心艺术总监、全国五一劳动奖章获得者等。[①] 校外导师的引入，既实现了校内与校外育人主体的联动配合，又站在未来角度培养人才，考虑到了学生毕业后的就业需要。众多社会上拥有丰富人生和职场经验的成功人士被邀请担任学生的实践导师和职业引路人，结合自身资源开展类型多样的指导活动，拓展了传统导师制的指导主体范围和功能定位。

---

① 万姗姗：《导学相长 领航未来卓越教师——孟宪承书院导师制的探索实践》，《2021年"书院导师制模式创新与实践"交流研讨会暨长三角高校书院联盟理事会报告》，上海：松江（内部资料）。

（四）优秀学长学姐：朋辈辅导制度化

朋辈是青年成长路上的伙伴甚至过来人，其辅导具备独特的示范和共情效应。过去，学生向学长学姐请教一般是私下个人行为，主要依靠个人的人脉或机缘获得帮助，缺乏制度保障。设立朋辈导师这一类别后，学生可以正式的、连续性的从优秀学长学姐处获得更规范、更高质量的辅导，特别是请教一些不便直接请教老师的事宜。华师孟宪承书院就构建了专门的"学生"育人队伍，邀请高年级学生或担任新生学导或担任学业伙伴或担任助理辅导员，针对不同领域、专业的特点和需求，在学习和生活过程中给予新生帮助。苏大敬文书院也选聘了责任心强的研究生担任助理导师，辅助常任导师和学业导师开展工作，同时邀请优秀本科生担任社区导师，协助学生养成良好的生活习惯和健康的生活方式。华政文伯书院高度重视"朋辈教育"在日常培养过程中的作用，为每个新生教学班都配备 1 名优秀的博士或硕士研究生和 1 名高年级本科生担任班级导生，充当导师团队的助手以及连接师生的纽带，协助导师开展指导工作，并分担辅导员的工作。之所以既配备本科生又配备研究生，是因为华政认为导生对学生的影响是有梯度的，指导侧重点不同且可分工合作，比如研究生导生负责联系导师、本科导生负责联系学生和辅导员。导生制以同辈榜样作为模范和引导者，将以往私人化的朋辈辅导制度化、组织化，是传统高校导师制的又一形式创新。这一指导机制的建立，不仅有利于被指导者，对参与指导工作的学生而言也是宝贵的教育和学习机会，从而带动了学生群体整体素质的提升。导生从普通意义上的学长学姐转变为传帮带的朋辈导师，通过"时时做朋友、常常去关心、有时去指导"明确职责所在，亦因导师制中独一无二的身份而自觉加强对自我"身为正、学为高"的要求，实现了育人能力和育己意识的双重提升。

（五）辅导员：提高思想政治教育专业度

辅导员和班主任是高校从事德育工作、开展思想政治教育的传统骨干力量，是大学生健康成长的指导者和引路人。其中，专职辅导员的定位为日常思政教育和管理工作的组织者、指导者、实施者，班主任一般由年轻教师、管理人员或研究生兼任，是开展专业思想教育、加强班级管理的重要力量。[①] 然而，在现实中，辅导员和班主任对应的学生规模偏大，加上权责界定模糊、机制设计不完善等方面的问题，二者协同育人的效果不够理想，特别是班主任的作用没有得到充分发挥甚至陷入虚设局面。书院通常将辅导员和班主任一并纳入广义导师制的架构中，并优化其指导机制，在强化辅导员职能的同时，提高班主任班级管理效能，从而提高思想政治教育工作的专业化程度，加强对学生发展的多元指导。华师为孟宪承书院配备了 9 名专职辅导员，承担"日常班级管理+中心指导工作"，负责书院学生日常事务、安全教育、学业普查、成绩报告等事宜。该校还搭建了机关书院协同育人平台，聘任机关优秀青年担任兼职班主任，开展党团活动、主题教育、谈心交流活动等。[②] 上大社区学院以定制化思想政治教育为切入点，通过加强培训提升辅导员职业能力、凝心聚力发挥辅导员集群效应等途径，构建面向全体新生的"立德树人、修业储能"新体系。另外，该校社区管理员也参与思想教育、行为指导和文化建设。[③] 苏大敬文

---

① 朱桃花、郑建锋、陈杰：《高校辅导员与班主任"同向同行"育人机制研究》，《科技资讯》2019 年第 29 期，第 201~202 页。

② 万姗姗：《导学相长 领航未来卓越教师——孟宪承书院导师制的探索实践》，《2021 年"书院导师制模式创新与实践"交流研讨会暨长三角高校书院联盟理事会报告》，上海：松江（内部资料）。

③ 尹静波：《追卓越 创一流 持续提升人才培养质量》，《2021 年"书院导师制模式创新与实践"交流研讨会暨长三角高校书院联盟理事会报告》，上海：松江（内部资料）。

书院的常驻导师由辅导员担任，在书院定点办公，主要负责日常的思想政治教育工作。①

二 指导周期全覆盖：建立全过程贯穿式育人链条

在学生在校期间乃至更长区间实施育人计划，建立从入学到培养再到择业的育人链条，是"三全育人"中全过程育人的基本内涵。不少高校的书院导师制通过整体把握、全局引导与推进，把指导工作贯穿于教育教学的全过程和各环节，指导周期覆盖各时间节点和教育空间。例如，在江苏师范大学，各类导师的配备时间为："驻院导师从第 1 学期开始配备，贯穿整个本科阶段；专业导师、实践导师可从第 2 学期开始配备，第 7 学期至第 8 学期，可根据毕业论文的选题方向，在专业学院的指导下，由学生另行选择论文指导教师。"② 由于大一是从基础教育过渡到高等教育的本科初级阶段，是大学生成长的第一个关键期，全过程育人在新生导师制中体现得尤为明显。华政书院实行新生导师制，并秉承"让普通的改变改变普通"的饱满成长过程理念，根据学生发展和每个教育阶段的特点，制定了导师基本工作一览表（见表3），使大一全年的育人目标和重点明确、一目了然。

---

① 钱正明：《面向卓越的导师制：形态及其前景——基于苏州大学敬文书院导师制经验的分析》，《2021 年"书院导师制模式创新与实践"交流研讨会暨长三角高校书院联盟理事会报告》，上海：松江（内部资料）。

② 《江苏师范大学敬文书院导师制实施办法（试行）》，江苏师范大学网站，2018 年 12 月 24 日，http：//gzzd.jsnu.edu.cn/0a/dd/c12179a264925/page.htm。

表3 华政书院导师工作时间节点（2021年9月至2022年6月）

学期	时间	工作事项
第一学期	开学前 （9月1日至 9月25日）	9月上中旬，导师、导生发送本人学术、工作简历、照片、寄语及其他工作需要的信息，方便书院编定各类学习、生活手册
		9月下旬，导师、导生参加书院组织的导师启动会议，确定分班安排
	开学初 （9月26日至 10月15日）	9月下旬，关心所指导新生报到情况，配合辅导员开展入学教育
		9月下旬至10月中旬，参加开学典礼、书院迎新会、新生班会、拜师仪式等活动；在教务处、书院统一安排下参加新生选课指导活动
	学期中 （10月1日至 12月15日）	学生日常咨询指导；参加书院、班级各项文体综合活动
		开展读书指导、讲座沙龙、科研学术或实践类项目指导等活动
		11月下旬，期中考试前，指导大一新生理性应对大学考试
	学期末 （11月26日至 12月28日）	11月底，指导学生进行第二学期的选课工作
		12月初，期末工作评估，参加书院导师中期考核工作
		12月中下旬，参加书院导师学期工作总结会议
第二学期	开学初 （2月25日至 3月6日）	关心所指导学生寒假生活、上学期学业（成绩）情况、报到情况
	学期中 （3月6日至 6月17日）	常规指导工作，并参加书院、班级各项文体综合活动。开展读书指导、讲座沙龙、科研学术或实践类项目指导等活动
		4月中下旬，指导学生着手开展暑期社会实践项目
		5月上旬，在期中考试来临之际，关心班级指导学生的学习状况
		5月下旬，指导学生参与校内合作交流项目，包括出境交流及国内各书院制高校交流
		6月中下旬，配合学校转专业、专业分流等工作，给予学生指导
	学期末 （6月17日至 6月28日）	期末工作评估，参加书院导师工作年度考评
		参加书院导师年度工作总结会议

资料来源：摘自该校书院导师制手册（2021年版）第7~8页。

（一）抓住过渡期开展适应教育

青少年从高中升入大学时往往会经历不同程度的迷茫困惑，为此书院会抓住入学前和开学初两个阶段开展适应教育。在入学前，书院事先匹配好指导关系，有些学校还会前置适应性指导活动，通过云端相会帮助新生尽快实现从中学生到大学生的角色转换。例如，华政文伯书院坚持延伸文化育人区间，于报到前统一安排各班导师与结对学生提前建立联系，并于开学前的暑假向新生寄发了"书院生活，从继续探索开始"的倡议，号召其"阅读经典"、投身"社会调研"，以期培养阅读能力、思考能力，锻炼实践能力、社会观察力，为新生探索、适应大学学习方法打下良好基础。在开学初期，导师制的工作重点为给予新生有关大学生活以及学习方法、习惯的指导，具体内容因角色差异而不尽相同：导师一般会关心所指导学生的报到情况，进行选课指导，并完成第一次线下面对面交流；导生为新生具体的学习和生活安排提供过来人经验，协助其认识校园教学和生活环境，了解社团活动；辅导员和兼职班主任则开展入学教育、走访学生寝室等。书院普遍重视诸如"开学典礼""迎新会""大学第一课""新生训练营"的活动对培养新生学习兴趣、增强新生文化认同的意义，并在入学仪式中特别安排"感恩·拜师"环节，依托"敬茶、别院徽、献花"等拜师仪式将"尊师重教、三全育人、教学相长"理念融入其中。仪式化的环节设计和体系化的项目安排，无疑为增强共同体意识、构建良性师生互动关系奠定了坚实基础。

（二）针对性指导覆盖各时间节点

书院导师为新生提供的指导并不局限于过渡阶段，亦存在于学期教育全过程，并覆盖课内课外。在大一的第一学期——秋季学期，"适应并融入"成为书院设计该学期学生工作的普遍性主题，导师、导生通过各种指导帮助新生更快更好地融入所在班级、书院和学校。不少书院更是直接给出了指导日历和内容提示，明确了各阶段指导活动的开展方向，避免师生"为了见面而见面"。在华政文伯书院，10月1日至12月15日为教学阶段，导师的任务为日常咨询指导，参加书院、班级活动，以及开展各类专项指导。11月下旬，期中考试前，指导新生理性应对大学考试；11月底，指导学生进行第二学期的选课；12月中上旬，期末考试考前指导。上大同样考虑到秋季学期第一次考试压力较大，因而组织导师在第9、第10周开展专门辅导。在大一的第二学期——春季学期，书院多以"提升和分流"为主题设计该学期学生工作，旨在帮助新生提升综合能力，并引导其正确看待分流，做好专业选择。学期初，导师会关心所指导学生寒假生活、上学期学业成绩、本学期报到情况；学期中，开展常规指导，并指导学生着手开展暑期社会实践项目；学期末，配合学校转专业、专业分流等工作，给予相应指导。

专业分流指导是书院导师制的重点工作，因为专业分流事关后续三年的学习与发展，新生对分流往往有不少困惑，比如"不同学院有什么区别""哪个学院更好""我应该去哪个学院"等，亦存在焦虑情绪。专业分流的背景为新生根据高考志愿等进入书院，第一学年由书院统一管理与教育，并在学年末根据个人意愿提出专业（方向）申请。学生按照自身基础及一年在校培养情况，通过与专业学院之间的双向选择等专业分流机制进入专业学院，继续特定专业（方向）的学习。在专业分流指导中，不同角色的指导内容各有侧重并相互配合：导师结合自身的学科特长，帮助新生了解行业动态和专业差异、深化专业认知，并助其明确分流选择、做好专业规划，为理性分流奠定基础；导生基于个人学习体会，通过自己现身说法或邀请不同专业的优秀学长学姐展示专业情况，使新生对填报学院、专业有更深层次的了解，同时解读分流规则和流程，提醒分流前和分流各阶段的准备事项；辅导员、班主任则通过协作举办专业分流宣讲会或主题班会等方式，帮助新生了解分流政策。当然，各类指导者都会引导新生正确看待分流，缓解其分流压力，并协助做好未被意向专业录取学生的心理疏导工作。专业分流指导并非在学期末才开展，而是在整个学年有序推进，以帮助新生做好分流准备和选择。在分流季尾期，华政文伯书院和上大社区学院还会举行仪式，组织分流前师生见面畅谈，并互送祝福和纪念，助力学生开启大学新征途。

（三）指导不"打烊"

值得一提的是，书院导师制在寒暑假及疫情期间并没有"打烊"。在寒暑假，导师秉持"成长没有假期"的理念继续给予新生指导。例如，上大全程导师在寒假通过微信、QQ、电子邮件等方式关怀新生，在暑假则带领或指导学生开展暑期社会实践活动。2020年1~8月疫情严重时，线下的学习、社团活动和面对面的指导均难以为继，这对正在适应大学生活的新生颇为不利，如何在这一阶段帮助他们实现转变和提升成为急需解决的问题。为此，书院启动网络教学工作，导师、导生指导工作在线上全面铺开，并保证不因疫情降低指导要求和质量。华政文伯书院举办了"名师助学"线上学习讲座、"在云端"指导工作坊，并邀请所有导师、导生发起以集体视频交流为主要形式的线上交流会。其中，"在云端"指导工作坊有四个主题："大学适应"，探讨学生在大一阶段学习、生活、社会实践方面的适应问题；"战疫中大学生的担当"，引导学生在战疫中有所担当与作为；"自律"，探讨如何在自由的时间下自我控制、自我引导、自我发展等；"生涯探索"，启动对自我和外部世界的探索之旅。江苏师大敬文书院在疫情发生期间亦专门下发通知要求各类导师加强线上指导，同时要求书院管理团队与驻院导师实现对全部年级所有课程听课的全覆盖。①

---

① 张立荣：《三导师制护航卓越人才的全面发展》，《2021年"书院导师制模式创新与实践"交流研讨会暨长三角高校书院联盟理事会报告》，上海：松江（内部资料）。

三 指导内容多样化：致力于全方位高质量育人

培养德智体美劳全面发展的社会主义建设者和接班人，是大学教育的根本任务，亦是书院推行导师制的初心与目标。与研究生教育阶段的导师制以科研引领为主，学生往往只有单一类型的学术导师不同，书院导师制立足本科教育阶段的特点，指导范畴大为拓宽，涉及启蒙（初识）、解惑（答疑）、引导（方向）、帮助（具体事务的帮助）四个维度。从案例校的实践来看，导师、导生的指导内容涉及学业指导、思想引领、价值塑造、生活帮助、职业引导、心理调适、情感辅导等，可谓导学、导德、导向、导心。这一设计源自学生的成长和发展需要得到方方面面的指引，尤其是大一新生。例如，上大社区学院在专业导师类别内下设全程导师、班导师、创新项目导师、拔尖人才导师、课外项目导师、讲座导师，并将全程导师的角色定位为"新生之友"，从而为新生提供全方位的帮助。另外，尽管不同角色的指导者在指导内容上各有侧重并有所细分，但不截然区分，而是在交叉融合指导中追求全方位高质量育人。

（一）导学：提供全面学业指导

导学作为高校导师制的传统功能，亦是书院导师制的基本要义。书院各类指导者特别是专业导师发挥自身知识结构优势，通过常态化指导、帮扶与近距离熏陶，促进学生在与学业有关的知识、能力、素质上获得增值。导学的具象化体现，首先为帮助学生理解书院的培养目标、学科专业特点以及学习要求，端正学习态度，掌握良好的学习方法和技巧，同时带领学生接触专业教育和通识教育的科学前沿，拓展知识视域，培养求知兴趣和独立思考能力。例如，为构建全方位的学业指导体系，南京审计学院调动全校教育资源，成立由三类导师分工合作的学业导师团：专职导师提供个性化学业指导；特邀导师通过讲座、座谈等方式拓展学生素养，为学生美好人生导航；班级兼职导师为各院系教授学者，深入宿舍与学生交流，并进行学科指引。① 其次，导学包括开展微观层面的学业指导，比如专业知识解答，为学生提供阅读书目，以及在选课、考试、专业分流、学科竞赛、科研训练、社会实践等方面给予指导。其中，在有关社会实践方面的指导上，江苏师大敬文书院专门设置了实践导师，负责参与学生专业见习、研习、实习方案及科研训练计划的制订及相应活动的管理与指导工作，并开设实践课程、示范课和专题讲座等。② 最后，导师会针对个体差异因材施教，帮助学生制订符合其特点的学习计划，提供个性化指导。在导学的实践操作上，上大颇具代表性：专业导师每年为学生开展课业辅导和数学、物理、化学、外语、论文写作等科目的基础强化；创新项目导师提供计算机多媒体、专业实验、机器人项目、趣味化学的指导以及科技技能基本训练；拔尖人才导师负责竞赛培训；导生与学业困难生结对，集中进行自习辅导和答疑辅导。社区学院大学生创新训练项目启动时，全程导师会主动发布创新项目选题，并指导学生完成选题、查阅资料、撰写申请书、参与科研实验、实地调研，从而培养学生的创新精神和实践能力。③ 另外，与其他案例校不同，南审在导学上侧重于通识教育和公共基础课的指导，通识教育导师开展经典阅读与读书小组指导、通识教育微课程与专题讲座等工

① 王会金：《书院制人才培养：逻辑架构与系统创新——以南京审计学院为例》，《南京审计学院学报》2015 年第 6 期，第 105~112 页。

② 张立荣：《三导师制护航卓越人才的全面发展》，《2021 年"书院导师制模式创新与实践"交流研讨会暨长三角高校书院联盟理事会报告》，上海：松江（内部资料）。

③ 尹静波：《追卓越 创一流 持续提升人才培养质量》，《2021 年"书院导师制模式创新与实践"交流研讨会暨长三角高校书院联盟理事会报告》，上海：松江（内部资料）。

作，公共基础课导师负责各类考试指导、公共基础课学业支持与学习指导讲座。①

（二）导德：引领价值观塑造

基于对"成才先成人"的共识，书院导师制一致将导德作为全方位育人的重要内容。导师既是学生在专业学习上的主要问询对象，也是其价值观塑造过程中可信赖的引导者。换言之，导师不仅仅是"业师"，更是"人师"。导德的核心体现，在于帮助学生养成高尚品德，树立正确的世界观、人生观和价值观。华政一校外导师在某场导师工作座谈会中就提到，"我在每次与学生的交流中，都隐含着让学生关心他人、帮助他人等价值的传递，帮助他们日后能够成为人格健全的人"。其中，厚植爱国情怀和培养社会责任感尤其受到书院的重视。例如，上大相继开展了"一带一路"跨文化探索之旅和"中华文化寻根之旅"，让学生在文化体验过程中感受我国优秀传统文化的魅力并将其内化为自身的美德。在疫情期间，华政的导师纷纷组织学生观看爱国小短片，进而思考和探讨新一代年轻人如何为抗疫贡献一己之力，避免单纯的口号式教育，并引导学生在抗疫志愿服务工作中提升劳动奉献意识。导德还体现在关心学生的思想动态和开展入党启蒙教育上。书院加强党员导师队伍建设和社区党建教育，发挥导师、导生的政治启蒙作用。在上大，社区学院邀请了部分全程导师参与"四史"学习，开展系列微党课活动，并设计了百名入党申请人采访百名党员导师的活动。

（三）导向：提供指路明灯

导向功能充分发挥导师作为指路明灯的作用，与导学、导德相呼

---

① 尹曦：《书院导师制下的通识教育实践与思考——以南京审计大学泽园书院为例》，《牡丹江教育学院学报》2018 年第 8 期，第 31~33 页。

应和补充，为学生的大学生涯规划和未来职业规划提供咨询建议，旨在强化导师领航提供精准指导，帮助学生明确各类发展目标。华师就专门设置了人生导师这一类别，每年遴选 40～50 位导师，并以其为纽带整合专业教育与养成教育，2021 年开展相关指导活动 63 场。导师、导生会就大学生的生活规划、考研、工作、出国等事项提供指导，书院也会开展专门的生涯规划教育和活动。例如，华政的生涯规划工作坊通过个体叙说与团体咨询相结合的方式，协助学生寻找成长过程中的"盲点""亮点""瓶颈"，激发其探索的动力和信心，增强其对于自我成长的掌控，使其成为生涯发展的主人。由于毕业后不少学生会进入就业市场，校内管理型导师和校外导师会传授一些在工作岗位中需要具备的素质和技巧。于校外导师而言，对学生进行从业指导可能是其最主要的和特色性的工作内容，体现为职业发展方向、职业操守的引导和具体实务指导，比如职业体验、面试指导、工作压力排解、同事关系处理等。华政的校外导师多为律师或公检法系统专家，其中不少导师会带结对学生参观法庭或律所，实地感受相应职业的运行状态。另外，专业见习、研习、实习或专业技能竞赛等实践活动均有利于学生厘清未来职业规划，社会导师和校内的实践导师也会予以指导并提供相应资源。

（四）导心：注重心理调适

大学生的心理健康状况对于其成长成才的影响日益受到高校的重视，导心因而成为书院导师的又一职责。导心主要指向心理调适和情绪疏导，学生如果遭遇挫折，可以与导师或导生倾诉解压，指导者也会关心学生的精神状态并适时、适度加以引导。大一阶段是高中向大学过渡的关键期，学生尤其容易产生心理问题，导师一般会主动进行角色转换引导：首先，肯定"迷茫"的积极价值，指出这是个体从一个熟悉环境到另一个陌生环境的正常适应，是自我主动探索的开始；其次，建议学生分析迷茫、困惑或焦虑产生的具体原因，从而"对症下药"，选择合适的应对策略；最后，教导学生用积极、乐观的心态应对变化和挫折，并从中汲取经验、获得成长。对于学生在情感、人际关系等方面碰到的问题，导师也会提供力所能及的帮助。导生作为更贴近学生日常生活者，在导心上发挥了独特的作用。导生通过分享过来人经验、聊家常等朋友式的沟通与相处，以及开展集体建设、新生训练营等活动，有效缓解和安抚学生的情绪。疫情期间，由于生活、学习的空间和方式的变化，学生的心理状态得到了书院的高度重视。华政多措并举，帮助学生疏解疫情带来的心理压力，使其充实而有意义地度过这一特殊时期：导师组织学生填写心理调查问卷，根据调查结果有针对性地进行心理疏导；推出丰富多样的线上交流活动，增进同学间、师生间的感情，排解独自学习的孤独感；引导学生自我反思与探索，引导学生利用闲暇时间直面自我，深入思考过往历程以及未来之路。

（五）指导模式与活动的多样化

除了丰富的指导内容，指导模式与活动的多样化亦是书院导师制落实全方位育人的重要路径。一方面，各校书院采取了集体指导、个别指导、联合指导、团队指导等多种指导模式，既加强了师生之间的沟通交流，又解决了部分学生主动性欠缺的问题。集体指导和个别指导是最常见也是最核心的两种指导模式，导师、导生一般都会召集结对的多位学生，通过见面、微信群、邮件等途径就共性问题进行集体交流，亦会与学生逐一谈心，开展个性化辅导。与联合指导不同导师在所属导师组内或跨小组、跨班级对结对学生自发开展的共同指导行为相比，团队指导指在书院的统筹安排下，各班级导师组或不同班级导师组成的导师团对单个或多个班级的全体学生进行组合、交叉指导，但二者均旨在实现育人资源的互通、共享。另一方面，导师、导生根据指导内容的特点，在办公室、导师会客厅、学生社区、实验室等校内空间，以及律所、博物馆、展览馆、名胜古迹等校外行走课堂，开展形式多样的指导活动，包括讲座、座谈、读书会、餐会、小组研讨、学术沙龙、素质拓展、户外考察等。而且，书院会将部分班级活动、书院活动、学校活动与指导活动相结合，扩大导师指导工作的受众面。例如，华政邀请有相应特长的书院导师担任中华经典诵读比赛、演讲比赛的指导老师，帮助学生体味中华文字魅力，提升语言表达能力。

四 管理机制科学化：以制度+情怀
共同保障指导成效

以导师制为载体的"三全育人"工作欲取得良好成效，离不开指导主体的投入与责任感，更离不开相应管理机制的保驾护航。在导师制的构建、落实过程中，高校书院普遍坚持法治化和科学化管理的发展路径，建立健全相关的制度体系和组织体系，明确导师遴选标准，理顺指导工作机制，制定考核办法，引入激励机制，以制度约束和导师情怀共同保障指导成效。

（一）择优聘任各类指导者

为了保证"人人育人"的质量，书院坚持水平与责任并重的原则，择优聘任各类指导者。德才兼备且有育人热情是遴选导师、导生的通用核心标准。其中，育人热情对指导成效有决定性的影响，因为指导者需要投入一定的时间和精力保证指导的质量，不能仅仅把指导工作当作一个普通的任务来完成，更不能流于形式、疲于应付，而是要不忘初心，用知识上的广度和深度、人格中的温度和热度去教育、感染每一位学生，因此书院采用自荐加推荐的方式组建指导队伍。除通用标准外，不同角色的指导者还有一些个性化的要求：专任教师担任导师需要具备一定的专业指导能力，具体指向较丰富的教学经验、熟悉被指导学生所在专业的培养目标和教学计划，并具有讲师及以上职称且在学校有至少1年的工作经历；党政管理人员担任导师的要求往往包括工作认真负责、业务能力强、管理经验较丰富，并处于正科级及以上管理岗位且获得硕士及以上学位（获博士学位者优先聘任）；社会导师由具有专业实务技能和经验且负责任的校外专业人士和知名人士担任，其中不少为熟悉学校情况的杰出校友；导生主要从全日制在读博士、硕士研究生或高年级本科生中选任，且书院对导生会开展政治审查，把关其道德品质。在新生书院中，本科生导生通常由更加了解书院教育体系和新生成长历程的原书院学生担任。另外，书院会留意一些被指导群体的特殊性，配备个性化的育人团队以保证指导的有效性。例如，华政文伯书院结合少数民族预科班学生特点，为该班级配备了具有丰富教学、民族、党务、统战工作经验的导师。导师队伍组建好后，导师、导生聘期一般分别为四年和两年，这期间如需变动，师生均可向书院提出申请，书院导师工作委员会批准后进行调整。

（二）明确指导工作机制

根据"时时育人"的要求，书院精心设计指导工作机制，从制度上落实指导密度。书院设置导师工作委员会制订导师工作具体内容和年度计划，编写诸如《导师手册》的规章制度，明确导师工作职责、工作内容、工作方式等。不少书院实施导师指导工作报告制，由导生记录每学期导师的指导过程、指导内容和学生的学习收获等，并要求导师学期末对每位结对学生做出综合评价，以督促导师认真履行职责。为保证对学生指导的时间和效果，书院一般会控制指导规模，尽可能提高师生比。在上大，导师数量几乎每年都有增加，至2020~

2021 学年新生的全程导师数达 794 人，师生比为 1∶3.4。在华师，新生学导规模配比为 1∶6，学业伙伴实施一对一辅导。在华政，2021~2022 学年，文伯书院共聘任校内外导师 165 人、研究生导生 25 人、本科生导生 29 人，保证每名导师指导学生不超过 9 人（预科班及留学生班除外）。同时，书院规定导师须定期解答疑惑、指导学习，每月与学生交流至少 1 次，并鼓励通过各种方式提高交流频率。例如，华政要求校内导师每两周进行一次面对面答疑解惑，校外导师则每学期不少于四次；江苏师大规定专业导师原则上每学期指导学生不少于 6 次，其中面对面的指导不少于 3 次。① 书院也会开展一些活动邀请导师、导生和学生共同参加，如新年茶话会、新年晚会、文化考察等，既增进师生感情，又增强导师组联系。另外，书院会向导师提供结对学生的个人情况、学习进展，导师、导生、辅导员之间亦互动互联，交流工作经验，合力解决指导中出现的问题。上大就规定导师与辅导员每学期至少沟通一次所结对学生的情况，并以学工组为单位召开学生交流会和举办导师沙龙活动，了解指导需求建议，进而结合学生与导师的反馈及时调整导师工作方案。

（三）建立多维评价考核体系

尽管愿意主动承担育人工作的指导者一般都具有热爱教育事业的"情怀"，但囿于他们本身面临繁重的教学科研任务或管理实务或学业发展任务，指导工作绝不能仅依赖于此种情怀而开展，否则易出现后续乏力、后劲不足的情况。是故江浙两地的高校书院普遍制定了专门的考核办法，每学年都组织导师、导生工作考核，并将指导成效纳入教师绩效考核范围。考核组织方一般会通过审阅《导师指导记录

---

① 《江苏师范大学敬文书院导师制实施办法（试行）》，江苏师范大学网站，2018 年 12 月 24 日，http：//gzzd.jsnu.edu.cn/0a/dd/c12179a264925/page.htm。

手册》、"导师总结表"等材料，并结合指导实效、民意测评等方式，对导师进行年度综合考核。如果综合考核不合格，书院会及时进行提醒、约谈和培训。南审书院的导师考核体系较具代表性：一方面，建立了有效的学生反馈机制，具体依托"导师工作学生评价反馈表"，了解导师参与指导学生的次数、时长、形式、内容以及学生对导师的认可度、工作满意度和希望导师改进之处等内容；另一方面，实行书院考核与专业院系考核相结合，两院共同制定年度导师工作计划和具体考核办法。首先由导师进行自评，其次书院基于导师进书院的工作时长、工作量和学生参与情况等来评估导师工作成效，最后专业院系对同专业导师的工作业绩进行横向比较。① 需要指出的是，考核结果通常会影响来年选聘。例如，江苏师大敬文书院注重通过健全考聘机制来优化指导者队伍结构，所有受聘导师参加年度考核，考核结果决定是否被续聘。其考聘流程为测评、审核、公示，其中，为建立多维评价的考核体系，测评环节包括导师自评、学生测评和学院测评。② 另外，导生的考核同样是多维度的。以华政为例，导师组从见面频率、协助导师了解学生、协助学生联络导师、为学生答疑解难、考勤以及综合自评六个维度，对导生给予优、良、合格或不合格的评价，并给出描述性的考核意见。

（四）以多重激励机制确保育人积极性

除考核机制外，书院还通过多重激励机制多管齐下，确保各类指导者育人的积极性与持续性。首先，进行经费激励，尊重指导者的脑

---

① 孔文迪、李想、王家华：《书院模式下多层次导师工作机制设计与实践》，《天津市教科院学报》2016 年第 5 期，第 19~21 页。

② 张立荣：《三导师制护航卓越人才的全面发展》，《2021 年"书院导师制模式创新与实践"交流研讨会暨长三角高校书院联盟理事会报告》，上海：松江（内部资料）。

力劳动，指导任务计入工作量并纳入学校薪酬体系。导师津贴通常由学校拨至书院，由书院结合导师工作考核情况发放。导生津贴则由学生工作部或者研究生教育院从其助学、助教等费用中支出。其次，建立指导工作评优机制，即每学年经书院导师工作委员会推荐、专家评审，书院评选出优秀导师与导生，给予表彰和奖励。在华政，指导者选优流程为在审阅上一学年的指导工作总结材料的基础上，结合学生反馈的导师指导成效，由书院学生发展中心、运行管理中心推荐，书院导师工作委员会审议，分类评选出优秀导师和导生。在江苏师大，书院会对导师考核结果评定等级并依据其付酬，付酬包括专项支付和奖励优秀两部分，优秀等级比例不超过15%。① 最后，在学校学院网站、微信公众号等平台广泛宣传导师和导生工作，树立导师制育人典型，增强书院育人共同体的荣誉感和归属感。例如，为了增进学生对导师群体的认知和了解，华政收集并整理各书院导师的个人简介及照片，在官方微信平台进行连续为期5天的系统宣传，反响热烈。在疫情期间，文伯书院策划了"导师导生云指导"案例大赛，征集并展示优秀指导案例，旨在结合线上教学工作，丰富导师导生线上指导，同时树立指导工作标杆，为各类导师指导工作提供更多参考及借鉴，以此持续增强书院导师制的宣传力与影响力，更好地助力学生成长。又如，上大每年做好导师工作年度总结，制作《全程导师工作成果册》，充分展示不同导师的优秀事迹。

五　书院导师制实施效果的个案调查

X校在书院导师制启动之初，便策划了追踪调查以反哺实践改

---

① 张立荣：《三导师制护航卓越人才的全面发展》，《2021年"书院导师制模式创新与实践"交流研讨会暨长三角高校书院联盟理事会报告》，上海：松江（内部资料）。

进。其中，对导师制实施效果的调查主要涵盖学生对书院导师制的满意度、导师对指导效果的认知、师生收获反馈。基于调查结果和实践反思，X 校也在不断调整其书院导师制的设计及实施细则，以服务立德树人的根本任务。

（一）学生对书院导师制的满意度

书院制教育改革第一学期问卷调查和书院导师制第一学年学生专项问卷调查均询问了 X 校书院学生对导师制的满意度，获得的反馈都为整体满意度较高。在第一次调查中，95% 的学生对导师制感到满意，其中"很满意"及"非常满意"者超过六成，说明导师制的设置受到学生的欢迎。就对导师指导频率的满意度而言，不少于 87% 的学生感到满意，其中对校内导师指导频率感到"很满意"及"非常满意"者超过半数，对校外导师指导频率感到"很满意"及"非常满意"者接近一半（46%）。值得注意的是，选择"基本满意"的人数最多且"不满意"占比偏高，特别是对校外导师指导频率感到"不满意"的比例达到 13%，说明有一部分学生认为导师特别是校外导师指导的次数有待增多。学生访谈结果以及学生对导师制的建议都印证了这一点。比如，受访者指出有些导师见面次数很少，不同导师的指导力度不够均衡使得有些学生会有落差感；有同学在建议开放题中写到"多一些一对一交流""频率更高一些""希望交流机会更多""可以增加见面交流的频率"。

就对导生指导频率的满意度而言，96% 的学生感到满意，其中"很满意"及"非常满意"者超过六成，说明导生与学生互动质量不低。就对导师和导生指导内容的满意度而言，97% 的学生感到满意，其中"很满意"及"非常满意"者超过六成。就指导方式而言，在提供的选项中，学生最喜欢的指导方式为导师见面会，其次是校外社会实践，分别达到 71.53% 和 56.83% 的支持率，沙龙、校外参访、导师进社区三种方式则均得到四成以上学生的认可（见图2）。另外，有学生提出喜欢线上交流、单独交流、读书会和聚餐等方式，说明学生希望指导方式能够多样化。学生访谈也反馈有些导师开展活动的形式比较单一。

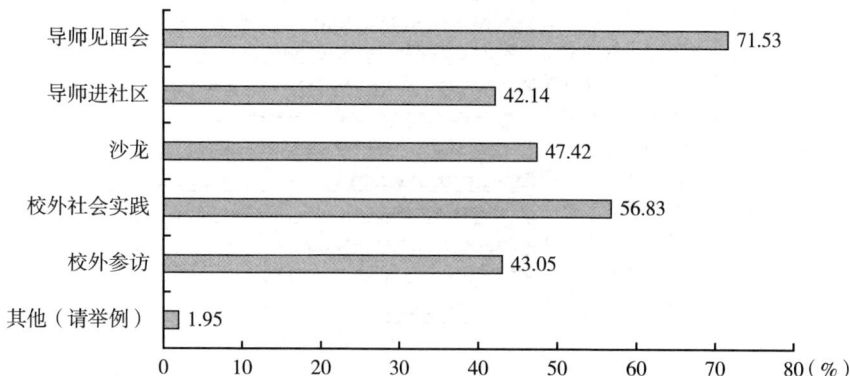

导师见面会   71.53
导师进社区   42.14
沙龙   47.42
校外社会实践   56.83
校外参访   43.05
其他（请举例）   1.95

0　10　20　30　40　50　60　70　80（%）

图2　学生喜欢的导师指导方式

在第二次调查中，学生对导师/导生的满意度整体偏高，但存在一些内部差异（见图3）。以"很满意"为衡量指标，学生的满意度排序依次是导师、本科生导生、研究生导生。对导师而言，学生对其交流内容满意度较高，交流次数满意度较低。对本科生导生而言，仅在交流次数上有相对较低的满意度，交流方式、内容以及整体满意度差异性不明显。对研究生导生而言，其内在差异性更加不明显，但是整体满意度明显低于本科生导生和导师。例如，有学生在填写建议时表示："本科生导生没什么问题，和研究生导生的交流略少，希望可以增加一些交流，比如学习规划方面"；"其实我自己对研究生导生几乎没有印象，所以说不清楚是否有收获。如果要有机会还是希望能够增加面对面交流的机会来增进彼此了解吧"；"加强研究生导生与本科生的联系"。不过，导师在调查中普遍表示导生的确发挥了很大的作用，包括上传下达书院通知、协调指导活动的开展、活跃交流氛围、整理反馈学生需求等。

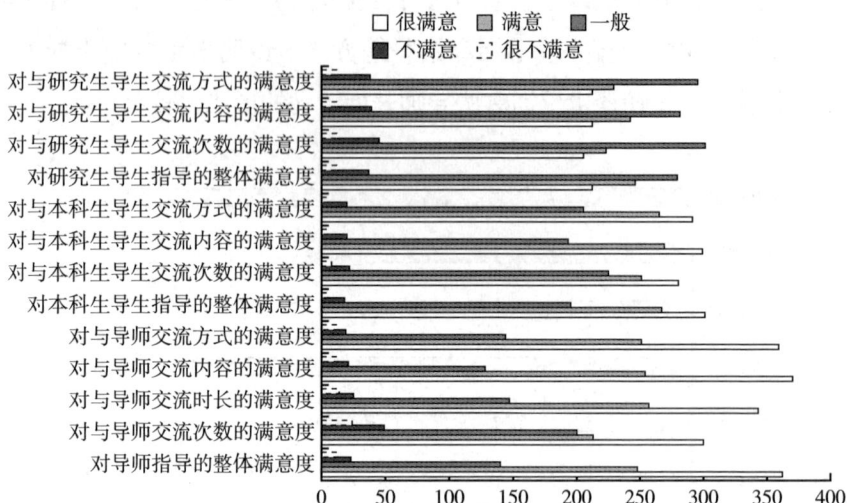

图3　学生对导师/导生指导工作的满意度

（二）导师对指导效果的认知

在对指导效果的自我评价上，导师问卷调查结果显示（见图4），超过五成的导师认为指导效果因学生而异，三成左右的导师认为因缺乏学生反馈而难以评价或指导效果因短期难以显现而有待观察，6.49%的导师认为指导效果一般，没有达到预期，但也有11.69%的导师认为指导卓有成效，学生进步明显。有位法学导师在2018年6月25日书院一周年座谈会的发言中呼应了这一点："在书院带学生我最开心，首先学生的期待比较高，学生觉得自己是主体，但是过去教师和学生的距离比较远，现在学生觉得自己在学校有了亲人，和老师有亲密的关系，而且指导效果比较好。"另外，自我评价结果在导师身份类别、居住地维度上差异不大。换言之，整体来看，指导成效在导师眼中的显现程度有，但不够理想。

在导师眼中，指导成效之所以有限，主要原因在于学生教学活

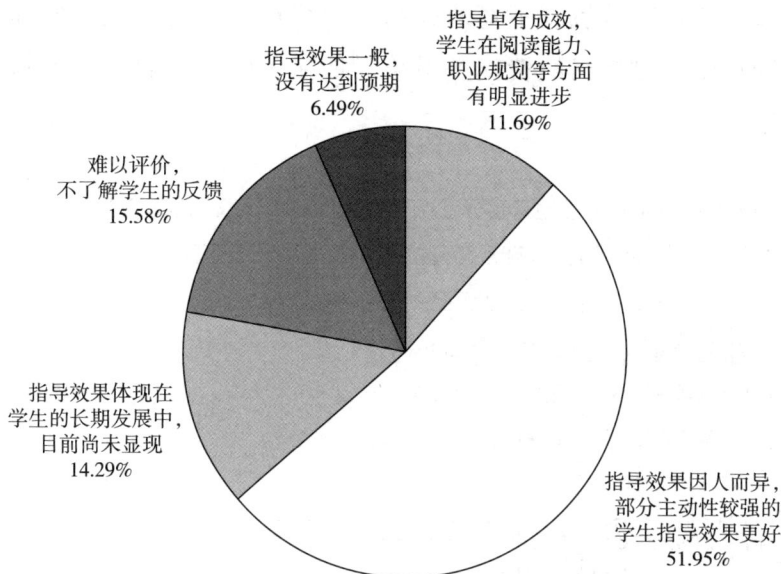

图 4 导师对指导效果的自我评价

动安排冲突；学生对指导的重视程度和主动性不够；导师可用指导时间有限，与学生的接触次数少；两地办学。图 5 显示，整体来看，这四个因素在影响因素排名中依次位列前四，占比显著高于其他选项。换言之，影响指导效果的主要因素既与学生有关，也与导师自身有关。结合图 6 来看，一方面，由于书院新生日常课程多、活动多，指导时间难协调，容易出现导师有时间指导但学生没时间参加的情况，校内导师尤其强调了这一点。同时，新生寻求指导的主动性不强，没有有效利用资源（当然部分学生也有可能发现指导作用不明显而失去积极性），法学专业导师认为这一点最为突出。另一方面，导师特别是校外导师，因主观原因（自身工作繁忙）或客观原因（两地办学交通不便），可用指导时间有限，与学生接触较少，也就难以达到良好的指导效果。同时，部分导师或缺乏指导经验，或缺乏指导热情，亦影响了指导效果。另外，指导工作的相关规定不完善、工作对接机制不畅通等制度因素也起一定作用。例如，不少导师在受访时指出经费支持不够、指导场所不够温馨、导师激励措施不明朗。

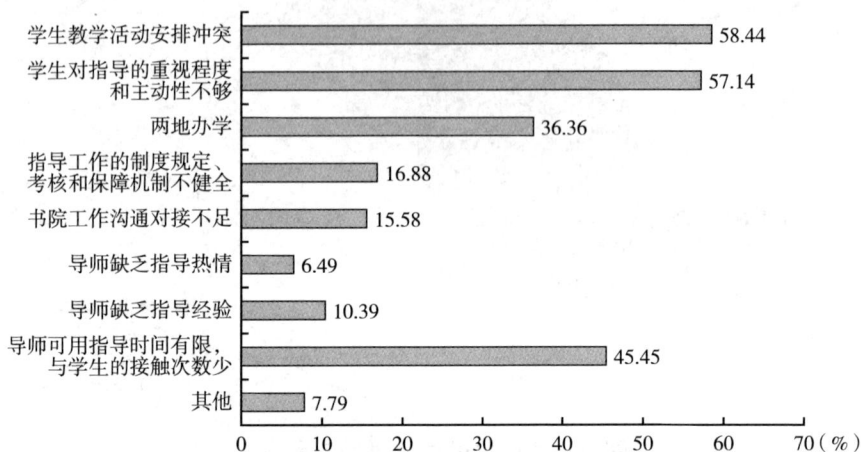

学生教学活动安排冲突 58.44
学生对指导的重视程度和主动性不够 57.14
两地办学 36.36
指导工作的制度规定、考核和保障机制不健全 16.88
书院工作沟通对接不足 15.58
导师缺乏指导热情 6.49
导师缺乏指导经验 10.39
导师可用指导时间有限，与学生的接触次数少 45.45
其他 7.79

图5　导师眼中的指导效果的影响因素

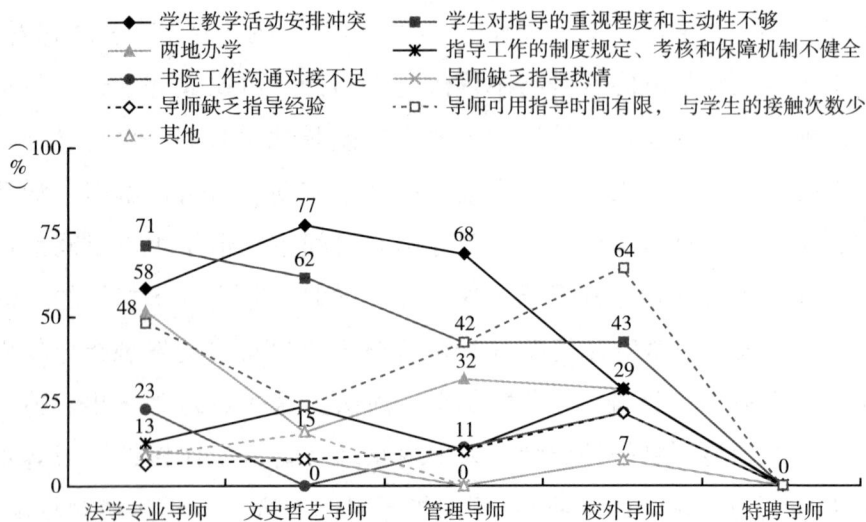

图6　不同类别导师眼中的指导效果的影响因素

学生问卷中也专门调查了学生主动性对指导效果的影响，测量指标包括是否积极参加导师见面会、是否主动联系导师寻求指导及其影响因素。调查结果呼应了导师的反馈，有17%的学生表明出现过没参加导师见面会的情况，主要原因在于师生双方在时间上很难达成一致，即导师有空的时间与学生个人的私事、课外活动、上课时间冲突。有54%的学生表明没有主动联系过导师，主要原因为自身性格内向、与导师有距离感，也有一些学生认为导师解决不了问题，或者自行解决和寻求其他专业课教师的帮助即可。例如，有同学留言"平时的问题不需要寻求导师指导一般就能解决""有问题直接在群里问了""其他渠道可以解决"。值得注意的是，有6名同学指出曾经寻求过导师的帮助，但没得到回应导致积极性受挫。

为侧面了解导师经验或学生群体差异对指导效果的影响，导师问卷询问了同时指导过17级和18级学生的导师对两个年级学生进行指导的不同感受。根据23位导师的回答，有9位导师认为没有差异，其余导师由于接触到的学生本身存在的差异或个人认知的不同，对于学生的主动性、个性等有不同的看法。但一些导师认为：17级新生作为书院第一届学生，也是第一届接受导师指导的学生，提出的问题更多；而18级新生可能有17级学长和学姐的帮助（除私下联系外，有部分17级新生担任了导生），疑惑更少，同时由于书院教育本身在不断发展和成熟，18级新生参加的教育活动也更多，导致寻求导师帮助的频率可能低于17级新生。

为了改善指导效果，近七成的导师呼吁定期向其发送与学生相关的工作安排和学生可能面临的咨询需求。这也表明忙碌的导师们需要更多的外部推力，需要书院和导生主动安排工作和提示学生需求。同时，导师们呼吁通过多种形式加强工作反馈和指导经验交流，并通过导师评价有用化来调动学生寻求指导的积极性（见图7）。导师在受访时，也建议将学生的注册登记表、成绩等信息向导师开放查阅权限，开展和学生谈话的技巧、职业价值观传递技巧等方面的培训，多宣传分享优秀导师的经验，等等。

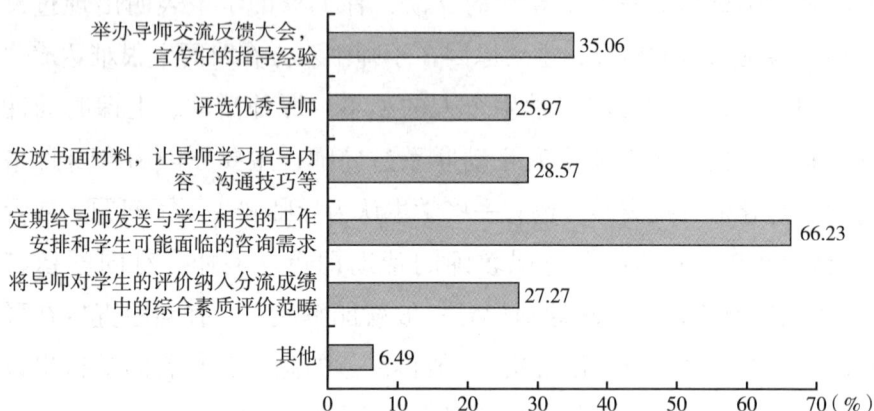

举办导师交流反馈大会，宣传好的指导经验 35.06
评选优秀导师 25.97
发放书面材料，让导师学习指导内容、沟通技巧等 28.57
定期给导师发送与学生相关的工作安排和学生可能面临的咨询需求 66.23
将导师对学生的评价纳入分流成绩中的综合素质评价范畴 27.27
其他 6.49

图 7　导师对改善指导效果的建议

另外，X 大学书院本身有班级导师组的集体指导设计，规定每位导师每学期不少于 4 次参与所在导师团队对应的教学班的集体指导。然而，这一规定的执行成效在不少导师看来是不理想的。例如，在访谈中，大部分导师认为需要打通导师间的联系；个别导师认为导师之间没有必要合作，因为没有分工；还有部分导师反映导师组联结松散，没有发挥作用。为此，有导师建议在制度上形成合力。例如，班级导师组可以聚在一起聊一下各自辅导的侧重点、带学生的感想，以及共享资源（比如校外导师提供进法院的资源）等；校内导师和校外导师联合开展活动；确立导师组组长，负责推动导师组活动开展。受访导生也建议加强集体指导：适当提高导师、导生、学生一起活动的频率，将活动制度化、规范化；考虑将所有导师拉进班级群，让学生意识到"这些导师都是我们的老师"。

（三）师生收获反馈

从学生的收获反馈来看，学生颇受益于导师制，对于不同指导主体，获益程度则有些微差异。学生的获益程度按从高到低排序依次为导师、本科生导生与研究生导生，其中30%和43%的学生分别表示导师的指导非常有收获、比较有收获。学生从导师处所得收获：导师"解答了专业分流、课程选择、实习、心理或情感等方面的困惑"（61%），学生"学到了与法学或文学或行业相关的知识"（57%）、"学到了有效的学习方法"（50%）、"明确了职业或人生的发展方向"（41%）、"思辨能力、表达能力等得到提升"（40%）以及"法律责任、法治信念、社会主义核心价值观等素质得到加强"（35%）。例如，有同学留言："因为导师的专业，我有机会接触到更多曾经不了解的方面，拓展了视野，还是很感激的。"与导生交流所得的收获体现为：解开了校园生活方面的疑惑；解开了学习方面的疑惑；对大学、人生、职业等规划的认知更清晰；解开了社会实践方面的疑惑；明确了专业选择；团学活动更有经验；与导师交流更有效；心理或情感问题得到解决；等等。其中，学生从导生处得到的主要收获为解开了校园生活和学习方面的疑惑。另外，对两名学生的单独访谈结果表明，一方面，有学生反映导师指导有效果，特别是通过和导师面对面交流，导师能够回答关于大学要学什么、怎么学和专业分流等问题；另一方面，也有学生反映导师的指导比较宏观，具体收获不多。

从导师的收获反馈来看，根据图8可知，导师在参与指导的过程中获得感较强，既收获了助力学生成长带来的成就感，又对自身的发展和实际工作有所促进。比如，图9显示，通过与学生的交流，了解学生的知识基础、其他老师上课动态等信息后，有益于个人教学的改进，这一点法学专业导师感触尤深。而对于管理导师而言，通过指导，更加了解学生的心理和特点，自身的学生管理相关工作也就更有心得。校外导师也表明与学生共同学习，可以促进个人的知识增长或专业反思。在对导师的一对一访谈中，有位校外导师还提到，对指导学生经历的反思，不仅对个人的职业发展有帮助，对个人的家庭生活亦有改进："我发现随着我和他们距离的拉近，我和我儿子的沟通效果在不断改善。我不再坚持我想说什么，而是坚持价值多元，也不再是法院想说什么，而是民众关心什么。"

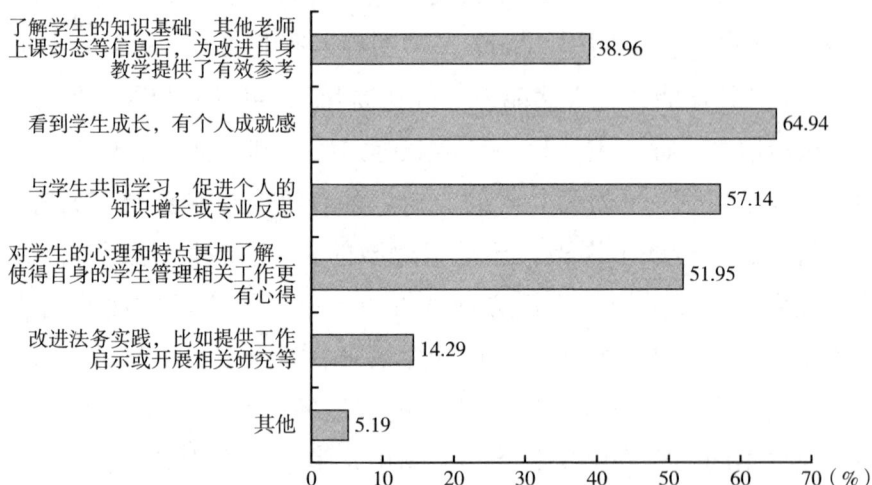

图 8 导师在指导工作中的收获

导生在服务导师和学生的同时，也实现了多重收获。例如，对导生的访谈结果表明：在跟大一学生相处的过程中，受新鲜、活跃、灵活的思想影响，自己解决问题的思路受到启发；收获与学弟学妹的友谊；通过指导大一学生回顾自己的大学生活，在总结经验、吸取教训的基础上再次规划自己的未来；在跟导师相处的过程中，导师会从较高的高度看待问题，能够收获成熟、有积淀的想法，学会沉着做事、仔细思考；自己的综合能力提高，如沟通、劝导、整理资料等能力。某博士生导生在工作总结中也写到，"配合 1704 班导师开展工作的过

◆ 了解学生的知识基础、其他老师上课动态等信息后，为改进自身
　 教学提供了有效参考
■ 看到学生成长，有个人成就感
▲ 与学生共同学习，促进个人的知识增长或专业反思
✳ 对学生的心理和特点更加了解，使得自身的学生管理相关工作更
　 有心得
● 改进法务实践，比如提供工作启示或开展相关研究等
✕ 其他

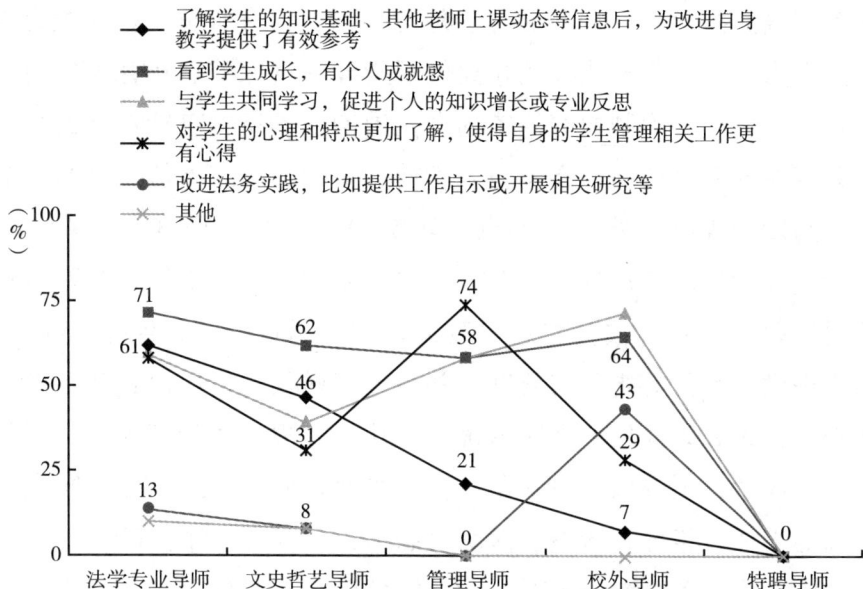

图9　不同类别导师在指导工作中的收获

程，也是我不断学习和锻炼的过程……他们经常鼓舞着我，为我在未来的学习和工作中树立了榜样"。

结　语

书院多维导师制是高校落实立德树人根本任务的有效供给，是多渠道多阵地相结合的大思政，其践行的"三全育人"模式在继承中有所发展和创新。在育人的主体要素上，书院导师制既汲取了以往本科生导师制和思想政治教育的养分，保留了专任教师、辅导员和班主任等传统指导力量，又吸纳了党政管理人才、校外专家等新兴力量，加之与导生队伍的有机融合，打造了一支指导主体复数化的校内外全员育人队伍。在这支队伍中，原来分散的各自为政的育人资源得到最大程度的整合，由间接的教书育人、管理服务育人升

级为直接的指导育人，并形成了各司其职、各有所长、相互配合的育人合力，为学生的成长成才提供了指导力量保障。在育人的时空要素上，书院导师制拓宽传统的育人周期和场所，有针对性的指导不只存在于在校期间，还覆盖开学前、节假日、寒暑假、疫情期间等时间段和校内校外不同地点，切实构建了全过程贯穿式育人链条，饱满学生成长过程。在育人的内容要素上，书院导师制融合衔接通识教育、专业教育与思想政治教育，通过导学、导德、导向、导心提供全方位的指导与帮助，并通过多样化的指导模式和活动将培养什么人和怎样培养人紧密统一，从而实现高质量育人。为了保障指导成效，书院以制度+情怀共同推进导师制，设计并不断完善导师的聘任、指导、考核、激励机制，让制度管导师也管学生。

X校的个案调查结果表明，运作良好的书院导师制在师生满意度和收获方面都有明显成效，同时仍有较大的改进空间。例如，导师、导生的指导质量不一使得不同学生享受到的政策红利不均，学生的主动性和个性差异影响指导成效，个性化指导有待加强，以及各类指导者之间的育人合力应继续提升。未来，现代大学书院应进一步优化导师制的实施路径与保障机制，以更好地服务学生成才成人并促进师生共同体建设。

B.11
首都都市圈教育资源共建共享的
国内外经验借鉴与启示

李　璐　杜光强　尹玉玲*

摘　要： 在国外与国内发达地区都市圈发展进程中，教育资源共建
共享是促进资源优化配置、提升教育质量和水平、实现教
育公平、推动都市圈高质量发展的重要一环。本报告通过
对国外巴黎、伦敦、东京和纽约都市圈以及国内上海、杭
州、深圳、成渝、粤港澳大湾区都市圈等国内外都市圈的
相关经验的归纳总结，结合对首都都市圈教育资源共建共
享现状和问题的分析研判，提出首都都市圈教育资源共建
共享应从原生自发转向统筹协调，基础教育资源共建共享
应坚持重点突破、特色引领、优质均衡，高等教育资源共
建共享应实现2.0模式向3.0模式进阶，高等教育与城市
融合发展的4.0模式应是首都都市圈高等教育资源共建共
享的系统战略。

关键词： 都市圈　教育资源　共建共享　京津冀

---

* 李璐，博士，北京教育科学研究院教育发展研究中心副研究员，主要研究领域为
教育政策、区域教育发展规划、教育经济与管理等；杜光强，博士，北京教育科
学研究院教育发展研究中心副研究员，主要研究领域为国际与比较教育研究等；
尹玉玲，博士，北京教育科学研究院教育发展研究中心副研究员，主要研究领域
为教育规划、教育政策、集团化办学等。

都市圈发展是世界城市化发展进程中的一般性规律和普遍现象，是世界上各国政府推动经济发展的重大战略性选择。国内外盛名、较为发达的都市圈均高度重视教育资源的共建共享，教育与都市圈之间的关系也实现了交互与协作，形成了深度对接、相互跨界、协同并进的发展格局，达到了融合共生的发展境界。学习与借鉴国内外发达都市圈教育资源共建共享的基本经验，对首都培育和建设高质量、现代化都市圈，实现都市圈内教育资源共享共建具有重要的参考价值和借鉴意义。

一 国际都市圈教育资源共建共享的基本经验

从国际范围来看，巴黎都市圈、伦敦都市圈、东京都市圈、纽约都市圈这四大都市圈是目前全球公认最成功的都市圈发展的典范，是国际分工、国际金融、国际商贸的控制中心和塑造中心，是世界科学技术创新中心、国际文化艺术交流中心和国际信息制造加工传播中心。都市圈所依赖的大都市均极其重视城市范围内教育资源的共建共享，推动教育与城市之间的相互融合与发展，从而促进教育公平，推动教育均衡发展，提高国家整体教育质量，推动教育、国家和社会发展。

（一）东京都市圈：消解资源极化，促进疏解和地方创生

广义的东京都市圈又称"首都圈"，是在"一都三县"的基础上加入茨城、栃木、群马及山梨等四县（即"一都七县"），总面积3.69万平方公里（占日本国土总面积的9.8%）。2014年12月，日本内阁会议通过的《城市、人口、工作创生综合战略》提出，从教育政策入手疏解东京圈人口资源并推进地方创生。其教育资源共建共享特征如下。

1. 疏解教育资源，打造教育特色城市

东京圈是世界上密度最高、规模最大的人口及教育资源的集聚都市圈，为有效疏解东京都的教育资源，东京圈致力于打造多个教育特色城市。例如，东京郊区的八王子市和立川市是高科技产业、研发机构及大学的聚集地；神奈川县和埼玉县以开发教育、文化、居住等功能设施为主，并接纳东京都部分政府职能的转移；东京圈外围的茨城县建设以筑波研究园为主的新城。

2. 严控东京23区大学扩招，鼓励大学生地方就业

2018 年 5 月，日本议会通过《地方大学振兴法》，规定截至 2028 年 3 月，除却废除、改制现有院系及招收留学生、非应届生时可扩招以外，东京 23 区大学原则上不可扩大招生规模。实施部分减免或全部减免助学贷款相关制度，助力推进大学生地方就业，完善中小学生的农林渔村体验，疏解东京圈大企业的总部职能，为地方创造更多就业机会。

3. 促进东京圈层内外和各类型大学间协同合作育人

东京圈大学协同地方，在地方建分校、开展学生赴地方学习交流项目。推进落实"地方与东京圈大学生交流互换计划"，交流互换分为半年长期项目以及 5 日短期项目，重点开展如何解决地方实际问题的教学和论坛活动。打破国立、公立与私立大学之间的界限，积极推进各大学之间的协同交流，

4. 设立专项拨款制度振兴地方大学，推进产学合作

设立专项拨款制度以推进地方产学合作，鼓励各大学结合当地产业发展形势等打造各具特色的地方大学，不断挖掘本地特色和优势，基于地方需求推进大学内学科及院系的重组或新设。

5. 坚持教师轮岗制度，促进教育均衡发展

日本公立中小学教师享受公务员待遇，并由政府负责统一调剂和管理，教师在同一学校连续工作不得超过 5 年。政府直接主导和调整

各学校之间教师的定期轮岗，保证了区域内师资力量和教学水平的相对均衡，成为区域间教育协同发展、资源共建共享的重要基石。

（二）纽约都市圈：教育与城市发展和产业变革共生共进

纽约都市圈位于美国东北沿海地区，以国际大都市纽约为核心，人口规模超过 2000 万人，是美国最大的都市圈。作为核心城市，纽约不仅是美国的经济中心和金融中心，而且是全球两大金融中心之一，也是世界政治活动的中心和联合国总部所在地。纽约市非常注重运用世界级的高等教育资源优势引领城市的发展和产业的变革，二者不仅在空间联系上进一步加强，而且在社会、经济、科技、文化等领域也展开了全面互动，并在此基础之上逐步形成了一种"你中有我，我中有你"的共生共进关系，教育在纽约都市圈建设与发展中的支撑引领作用也得以进一步彰显。

1. 依靠四大类高等教育机构集群发展，引领城市的变革与发展

纽约都市圈的高等教育以集群发展为主，拥有世界顶尖大学的"常春藤盟校"集群、"新常春藤"大学集群及周边"小常春藤"大学集群、州立市立大学组成的公立大学集群以及著名私立大学集群等；与此同时，隶属于纽约州立大学系统下的社区学院往往与纽约州立大学的各分校有合作项目，转学非常便利，就读于纽约社区学院的学生可申请转学进入纽约州立大学，这种政策就利于各不同类型院校间形成合作竞争的良性循环关系，为纽约都市圈高等教育体系的高效和高质量发展提供保证。在高等教育集群与纽约都市圈联动发展方面，总体上产学研的合作关系以高校和企业的直接合作为主；市场发挥能动作用，为校企合作提供风险投资；政府发挥间接宏观调控作用，提供空间、税收优惠、各类补贴等支持。

2. 集聚全球创新人才，打造创新人才高地

纽约都市圈遵循"按需引进，为我所用"原则，广泛实施移民政策、留学生政策、人才绿卡政策、猎头制度，各类政策措施有效衔接，构建全方位的人才引进服务体系，为纽约都市圈打造畅通的国际人才引进体系。

3. 努力打造顶尖大学的聚集地，培养出更多的未来工程师

通过新建科学技术研究生校园，培养数以千计的未来工程师。同时，批拨罗斯福岛作为科技园所在地，支持康奈尔大学和以色列科技大学在此联合建设新校园，并斥巨资对基础设施进行改造，为都市圈未来的产业和经济发展提供智力和人才支撑。

4. 出台支持创新的科技投入政策与创业政策

纽约都市圈还提出了"纽约人才引进草案"，发起了"科技天才管道"倡议，出台了"应用科学计划"等科技创新计划，致力于培养科技创新人才，增强深层次经济社会发展动力。与此同时，纽约还通过制定各种类型的税收优惠和政府补贴政策刺激当地企业开展研发活动、吸引高端人才、增加就业岗位。

5. 充分发挥大学服务社会的功能，推进终身学习，打造学习型都市圈

高校与企业之间双向提供咨询服务、科研服务、资金支持以及人才培养培训支持。具体包括：①高校提供咨询服务；②企业提供教学支持；③科技人才接受创新知识；④共享学习资源。

纽约都市圈的大学还为城市居民开放各类文化窗口，如图书馆、科技馆、体育馆、科普讲座、文化展览等，使之成为城市居民文化休闲与科普教育活动的重要场所，促进了整个城市文化品位的提升。此外，大学还通过函授、网络、在线视频以及多种课程培训班等方式，为市民提供终身学习的机会。

（三）伦敦都市圈：科教产融合、国际化的共建共享模式

伦敦都市圈位于英国东南部，以英国最大的城市伦敦为核心，辐射英格兰东南、东英格兰、中英格兰东、中英格兰西和英格兰西南的全部或部分地区。作为英国的首都，伦敦不仅是世界经济、金融、贸易中心，而且是高新科技中心、国际文化艺术交流中心和国际信息传播中心，还是现代西方文明的代表。

1. 打造"世界教育之都"

伦敦一直被誉为"世界教育之都"，每年吸引的国际学生比世界上其他任何城市都多，这些国际学生对伦敦经济的贡献可达 30 亿英镑，创造并支持了 37000 个就业岗位，伦敦的高等教育拉动国内生产总值的比重在 5% 以上。在实施"教育之都"战略的过程中，伦敦高等教育系统为城市发展提供了知识与智力资本，提高了人力资本对经济增长的贡献，推进了技术创新体系建设和产业结构升级，创造了大学与城市深度融合的"伦敦模式"。

2. 优化大学学科结构使其与都市圈的产业结构演进相适应

伦敦通过传统大学革新和多科性技术学院发展来适应产业升级，在学科专业上重点向金融、法律、经贸等扩展，确保金融业仍居世界之首。如今伦敦管理着全球 44% 的资产，287 家外国银行在此营业，全球外汇收入的 1/3 在这里交易。

3. 大学的人才培养模式与都市圈的功能定位相辅相成、无缝对接

伦敦都市圈大学的生源、教学、研究及学生就业都与城市密切相关，大学的布局呈现社区化特征，大学在人才培养上与城市的需求紧密关联，为城市发展量身定制专业化人才，确保人才供给充足。

4. 共建共享都市圈内的电子文献资源

伦敦都市圈教育资源共建共享不仅包含实体文献共享，还有书目资源共享，包括联合编目、联合目录、网上共享目录、联合期刊目录等；此外还有图书馆业务共享、管理资源共享、人力资源共享、资金协调共享等。以最大限度地保证教育资源的合理化使用与共享。

（四）巴黎都市圈：高等教育深度国际化的共建共享模式

巴黎都市圈位于法国西北部，以法国最大的城市巴黎为核心，人口超过 1000 万人，是欧洲公路、铁路交通中心和全球航运中心之一。巴黎在金融、时尚、传媒、科技等领域具有世界级影响力，联合国教科文组织、经济合作与发展组织、国际商会、巴黎俱乐部等国际性组织的总部也坐落于此，被誉为"世界之都"。巴黎都市圈的教育国际化程度较高。巴黎的人口构成中，有 13.5% 的人口来自 100 多个国家和地区。巴黎既希望借助高度国际化的大环境推进教育国际化，同时也致力于通过教育国际化发展来反哺巴黎的城市发展。

1. 以高度的国际化来吸引世界各国留学生

巴黎连续多年蝉联 QS 全球"最佳留学城市排名"榜首，被誉为"最适合求学城市之一"，通过积极打造世界最佳留学城市来提升城市的影响力和吸引高科技人才。

2. 提供大量国际教育选择，服务于不同移民需求

巴黎都市圈有众多国际学校和国际项目向外籍和法国学生开放，涵盖从幼儿园到高中的各个教学阶段。2022 年，巴黎大区投资促进局、巴黎大区研究院和巴黎大区工商会联合发布的《巴黎大区 2022 年资料与数据》显示，巴黎共有近 40 所国际学校，120 所学校设有 168 个国际部，17 种授课语言，其中以英语为授课语言的有 61 所，德语有 16 所，汉语有 18 所，葡萄牙语有 15 所。

3. 依靠联合国教科文组织等国际组织，为城市建设与发展集聚有利资源

拥有国际组织的数量是世界知名都市圈建设过程中必不可少的评判指标，也是我国城市的普遍短板。国际组织聚集越多，越能为城市建设带来各类重要资源。巴黎作为国际组织较多的城市之一，通过国际组织这个平台搭桥联网，促进了国际教育资源与城市发展之间的互利共赢。

二 国内都市圈教育资源共建共享的基本经验

2021年12月，清华大学中国新型城镇化研究院发布《中国都市圈发展报告2021》，识别出国内34个都市圈，并将其划分为成熟型都市圈（6个）、发展型都市圈（17个）、培育型都市圈（11个）三类（见表1）。

表1 国内34个都市圈按发展水平分类的情况

都市圈类型	都市圈名称
成熟型都市圈(6个)	广州都市圈、上海都市圈、杭州都市圈、深圳都市圈、北京都市圈、宁波都市圈
发展型都市圈(17个)	天津都市圈、厦门都市圈、南京都市圈、福州都市圈、济南都市圈、青岛都市圈、合肥都市圈、成都都市圈、太原都市圈、长沙都市圈、武汉都市圈、西安都市圈、郑州都市圈、重庆都市圈、昆明都市圈、长春都市圈、沈阳都市圈
培育型都市圈(11个)	呼和浩特都市圈、银川都市圈、石家庄都市圈、大连都市圈、南昌都市圈、贵阳都市圈、乌鲁木齐都市圈、西宁都市圈、哈尔滨都市圈、兰州都市圈、南宁都市圈

成熟型都市圈经济总量大、发展质量高，总体发展水平领先于其他都市圈。跨区域合作经验丰富，同城化水平较高，都市圈内人流、资金流、物流等基本形成网络化结构，都市圈内城市间相互联系紧密，体现出都市圈整体发展质量较好，已从单中心的辐射带动发展模式转变为都市圈内协同发展模式。广州、上海、杭州、深圳、北京和宁波六大都市圈属于成熟型都市圈。17个发展型都市圈多处于东部沿海地区和中部地区，与成熟型都市圈相比仍存在较为明显的差距，大多数都市圈处于加快一体化建设、提升发展质量的阶段，其中南京、福州、成都和西安都市圈已获批成为国家级都市圈。11

个培育型都市圈大多位于中西部地区，经济发展水平较低，中心城市处于发展集聚阶段，都市圈发展重点仍在经济实力培育和中心城市能级提升上。成熟型和发展型都市圈经验对首都都市圈的借鉴意义较大。

从都市圈发展的总体态势来看，2021 年《中国城市竞争力报告 No. 19——超大、特大城市：健康基准与理想标杆》中将我国城市群发展格局描述为"南高北低、东高西低"，即长三角、珠三角发展水平高于京津冀，成渝城市群发展势头迅猛，由此将都市圈国内比较参照系进一步锁定在长三角、珠三角和成渝都市圈。

综合 2021 年中国社会科学院的中国城市竞争力排名、恒大研究院的中国城市发展潜力排名和香港中外城市竞争力研究院的中国城市成长竞争力排行榜，报告最终将国内都市圈参照对象确定为上海都市圈、杭州都市圈、深圳都市圈、成渝城市群和粤港澳大湾区。

（一）上海都市圈教育资源共建共享的基本经验

《长江三角洲区域一体化发展规划纲要》中明确了"上海大都市圈"的范围，包含上海、无锡、常州、苏州、南通、宁波、湖州、嘉兴、舟山等"1+8"共 9 个城市。2018 年 1 月，《上海市城市总体规划（2017—2035 年）》正式对外发布，提出上海主动融入长三角区域协同发展，构建上海大都市圈，打造具有全球影响力的世界级城市群。上海都市圈是长三角城市发展最成熟的区域之一，其高质量发展是长三角打造区域发展强劲增长极的关键举措，同时也是长三角城市群打造世界级城市群的核心力量。

1. 基础教育资源共建共享的模式与经验

长三角地区是我国基础教育的先行区、示范区，基础教育一体化的发展与成果充分体现出了长三角作为发展示范区和全国高质量发展引领区的表率作用。其主要经验有以下两个，一是携手打造中小学五育融合共享平台。协同推进五育融合、落实立德树人根本任务，将打造五育融合共享平台和示范基地，作为重点项目推进，包括协同推进中小学德育、体育、艺术、科技、劳动教育资源跨区域共享共建。二是积极探索教研共同体，打造三科统编教材教学研究高地。加快体育、艺术、科技教育率先协同，共建全国学生体育素养示范区；在校外实践、科学普及、国防教育及研学旅行资源方面"共建共享"。开展长三角中小学名校长培训班、长三角中小学班主任基本功大赛等活动，实施骨干教师交流研修和访问学者计划，提升校长、教师专业化水平。

2. 高等教育资源共建共享的模式与经验

以上海都市圈为引领的长三角城市群高等教育区域化发展经历了合作期（20世纪末至2002年）、协调期（2003～2008年）、协同期（2009～2017年）和融合期（2018年至今）四个阶段。不同阶段教育资源共建共享的经验不同。①合作期：长三角高校与用人单位合作招生，长三角跨区域办学社会力量、异省高等教育生源的大量流动。②协调期：一是形成高等教育区域化的制度框架，如出台《长江三角洲人才开发一体化共同宣言》《关于加强沪苏浙教育合作的意见》《长三角教育科学研究合作协议》等政策文件；二是形成正式高等教育跨区组织，成立长三角六校高校联盟[1]，形成全日制本科生跨校学习和学分转换的组织框架、长三角高校精品课程教学网络资源共享平台、校际教学评估和学科学位点评审等高校组织资源流动和管理工具。③协同期：建立长三角教育协作发展会商机制，形成长三角高校合作联盟（E8）[2]、应用型本科联盟和高等工程教育联盟，实行"中国长三角研究生教育创新计划"和"长三角本科高校学分互认计

---

[1] 成员高校有复旦大学、上海交通大学、浙江大学、东南大学、浙江工业大学、浙江理工大学。
[2] 在六校高校联盟基础上增加了南京大学和同济大学。

划"，完善区域教师互聘、课程互选、学分互认等制度，形成七项协议推进高等教育专家资源库、高校图书馆、仪器设施、中青年干部资源的共享，研究生和国际教育的深入合作以及本科高校的学分互认。④融合期：一是教育行政和行动一体化程度更高，签署《长三角地区教育更高质量一体化发展战略协作框架协议》和《长三角地区教育一体化发展三年行动计划》；二是聚焦高质量发展和高新科技创新，成立长三角研究型大学联盟①和长三角高等工程教育大学科技园联盟②，以高等院校为主体开展高层次科技人员的联合培养；三是配套财力保障，出台《长三角学生资助一体化发展联盟框架协议》，成立长三角学生资助一体化发展联盟；四是教育监测评估一体化，研究发布统一的教育现代化监测评估指标体系，协同开展监测评估，引导高等教育高质量发展。

3.职业教育资源共建共享的模式与经验

共同发展职业教育，搭建职业教育一体化协同发展平台，推进优质职教资源的跨区域、跨行业流动。依托名牌高校成立4家跨区域联合职业教育集团。做大做强上海电子信息、江苏软件、浙江智能制造、安徽国际商务等联合职业教育集团，培养高技能人才。

（二）杭州都市圈教育资源共建共享的基本经验

杭州都市圈由杭州、湖州、嘉兴、绍兴一省四市扩容为杭州、湖州、嘉兴、绍兴、衢州、黄山二省六市。

1.基础教育资源共建共享的模式与经验

一是理念互融。杭州都市圈通过举办各种研讨会和论坛，实现都

---

① 成员高校有浙江大学、复旦大学、上海交通大学、南京大学、中国科学技术大学。

② 成员高校有上海理工大学、南京工业大学、浙江工业大学、江苏大学、安徽工业大学。

市圈内教育理念互融。二是签订协议。区域间教育部门签订教育全面合作协议，在教育主管部门合作、学校结对共建、教师交流、学生交流四个方面建立教育合作机制，通过互派干部交流学习、举办校长论坛、开展友好学校结对活动、组建跨地区教育共同体、加强教科研合作、加强两地学生互动交流等措施促进合作。三是资源共享。特殊教育领域教学合作，如杭州聋人学校向湖州市招生，杭州、湖州、嘉兴、绍兴四地聋校学科教研、骨干教师教学研讨等活动全面开展。学校合作共同体建设，如杭州高级中学和安吉中学结成互助共同体，开展学校结对共建、教师交流、学生互动活动。举办名师课程展示活动，鼓励名师走出去。四是优势项目共创。共同打造杭州都市圈名师工作室，探索杭州都市圈内教师培养模式。组织长三角学生社团领袖论坛，加强长三角地区学生社团的校际交流与合作。组织杭州都市圈优秀学生干部夏令营，增进圈内青少年学生的友谊。五是优秀品牌引领。名校集团化及其派生模式作为优质教育资源共享的主要形式在杭州都市圈内得到有效推广。高校与地方合作办学，如杭师大与桐乡市建立合作伙伴关系，签订教育合作协议，共同建设杭师大附属桐乡市实验中学。优秀教育品牌辐射杭州都市圈，如德清莫干山外国语小学和杭州崇文实验学校合作举办的杭州市崇文新班级实验小学，实现了杭州都市圈优质基础教育和杭州先进学校的接轨办学和资源共享。优秀科研成果向杭州都市圈推介，推动杭州都市圈内教科研的交流与合作。

2. 高等教育"名校名院名所"建设工程

以 2017 年开始实施的"名校名院名所"建设工程为抓手，引进建设 1 所中外合作大学，7 所国内一流大学在杭州建设分校、校区和研究生院，建设 23 个中外合作办学机构（项目）、26 个高水平科研院所。引入浙江上海交大海洋应用技术研究院、中国药科大学（杭州）创新药物研究院等一批大院名所。

一是坚持量质并举，始终对标一流，加强精准谋划，加大开放力

度，引导企业参与，科学合理选址，实施绩效评估，进一步优化
"名校名院名所"结构布局，推动国内外顶尖高校及科研院所落户杭
州。二是坚持引育并举，结合深化"最多跑一次"改革，加快外引
项目的签约落地，推动外引高校和科研院所的运作机制创新，全面深
化与浙大等在杭部省属高校的战略合作，实施市属高校一流学科、新
型专业和高水平人才队伍建设三大工程，不断做优增量做强存量。三
是坚持研用并举，壮大基础研究人才队伍，加大重大前沿科技攻关力
度，强化市场机制，提升创新成果转化能力，打通协同创新通道。四
是坚持破立并举、推陈出新，加强组织领导，进一步创新土地、人
才、住房等要素保障政策，打破创新成果转化相关政策障碍，积极探
索高等教育和科学研究发展的新模式新路径，为"名校名院名所"
建设工程营造一流发展环境。

（三）深圳都市圈教育资源共建共享的基本经验

2020 年 6 月，广东省发展和改革委员会发布的《广东省开发区
总体发展规划（2020—2035 年）》明确提出，推动发展广州都市圈
（包括广州、佛山、肇庆、清远、云浮和韶关）和深圳都市圈（包括
深圳、东莞、惠州、河源和汕尾）。同年年底《中共深圳市委关于制
定深圳市国民经济和社会发展第十四个五年规划和二〇三五年远景目
标的建议》围绕"增强粤港澳大湾区核心引擎功能，携手共建世界
级城市群"，提出加快建设深圳都市圈，制定实施深圳都市圈发展规
划，以深莞惠大都市区为主中心，以深汕特别合作区、河源都市区、
汕尾都市区为副中心，形成中心引领、轴带支撑、圈层联动的发展
格局。

1. 基础教育资源共建共享的模式与经验

一是推进集团化办学。发挥优质学校示范作用，推进集团化办学
模式，2020 年深汕特别合作区引入南外深汕西中心学校，深圳百合

外国语学校与佳兆业集团在惠州共建十二年一贯制学校，带动都市圈城市相对薄弱学校或者新建学校共同发展，扩大享受优质教育资源群体，促进都市圈优质教育资源均衡发展。

二是开展学校结对帮扶。都市圈内学校与学校之间形成结对帮扶。如深圳-河源教育对口帮扶，河源8所中学与深圳市名校形成结对帮扶关系，对河源市推进义务教育标准化学校建设工作进行指导和帮助，采取"名师送培到河源"的方式对河源市教育工作者进行素质提升帮扶，建立起以学科教师分类、以各个学段分层的教师培养体系；还有深圳-汕尾教育对口帮扶，深圳市高级中学对口帮扶汕尾市林伟华中学，深圳科学高中为汕尾市高中教师提供跟班交流学习机会。

三是实施学校委托管理。例如，深圳中学对深圳中学河源实验学校进行委托管理。深圳中学河源实验学校是深圳市出资帮扶河源建设的一所优质公办初级中学。学校建成之后委托给深圳中学进行管理办学，通过输入深中品牌、选派优秀管理团队、高起点组建教师队伍等途径，打造对口帮扶河源的精品学校和深河教育合作发展的样板校，并形成深圳河源两地教师培养培训的重要基地。

2.高等教育资源共建共享的模式与经验

作为中国特色社会主义先行示范区的深圳，近年来高等教育迅速崛起、成就斐然。深圳"十二五"以来新增或更名高校10所，数量在全国副省级城市、中心城市中位列第一。从1980年设立第一所高校——深圳广播电视大学到2020年获批设立2所非独立设置的中外合作办学机构，拥有15所高校只用了40年，比新加坡51年拥有13所高校的速度更快。在要素驱动主导型城市竞争阶段（20世纪80年代至90年代初），"深圳加工"占据主导，城市发展与高等教育呈"弱互动"状态，深圳采取自办少量高校的发展战略；在投资驱动主导型城市竞争阶段（20世纪90年代中期到2004年），"深圳制造"

占据主导，城市发展与高等教育互动不断增强，采取借助外力建设大学城的发展战略；进入创新驱动主导型城市竞争阶段（2005 年至今），"深圳创造"占据主导，城市发展与高等教育趋向"强互动"状态，通过自主举办、引进合作与政学共建三重路径实现教育资源共建共享。

一是自主举办新大学。深圳市独立新办高校主要有从零起步和整合资源两种方式。从零起步办学最典型最成功的是 2007 年筹建、2012 年获教育部批准设立、2022 年即成为国家"双一流"建设高校的南方科技大学。整合资源方式的有，从深圳大学剥离部分应用型专业、结合深圳需求增设新专业、2018 年获教育部批准设立的深圳技术大学。二是引进合作办大学，主要方式有三种：与国内大学合作办异地校区，主要有教育部分别于 2015 年、2017 年、2018 年批准设立的中山大学深圳校区、哈尔滨工业大学（深圳）、清华大学深圳国际研究生院；国（境）内外合作办新大学，主要有教育部分别于 2014 年、2016 年批准设立的香港中文大学（深圳）、深圳北理莫斯科大学；合作办特色学院，主要有教育部 2020 年批准设立的天津大学佐治亚理工深圳学院、哈尔滨工业大学深圳国际设计学院。三是政学共建提升现有高校质量。深圳市政府除正常财政投入外，斥巨资进行专项投入，支持深圳现有高校提高办学质量。积极推动南方科技大学入选国家"双一流"建设高校，推动深圳大学、南方科技大学入选广东省高水平大学建设计划（重点建设高校），香港中文大学（深圳）、哈尔滨工业大学（深圳）、深圳北理莫斯科大学、清华大学深圳国际研究生院、北京大学深圳研究生院入选省高水平大学建设计划（重点学科建设高校），深圳技术大学入选省特色高校提升计划。

（四）成渝城市群教育资源共建共享的基本经验

2016 年 4 月发布的《成渝城市群发展规划》提出，要形成由成渝发展主轴，成德绵乐、沿江、嘉陵江城市带，成都都市圈、重庆都市圈和南充经济圈组成的空间格局，要求重庆都市圈、成都都市圈，率先在义务教育、公共就业服务、社会保障、基本医疗、住房保障、公共文化服务等方面实现同城化。

1. 基础教育资源共建共享的模式与经验

一是共同编制实施《成渝地区双城经济圈教育协同发展行动计划》，优化成渝地区教育资源、功能布局，组建学前教育、基础教育领域教育联盟，推行学区化管理、集团化办学。二是促进成渝地区基础教育深度融合，推动优质中小学（幼儿园）开展跨省域合作。深入推进中小学、幼儿园教师、校（园）长挂职交流，互学互鉴，共同推进义务教育阶段教师"县管校聘"管理、中小学校长职级制等重大改革。推进师范院校建设教师培养培训基地。三是成立教育协同发展联盟。2020年8月，成渝地区学前、小学教育和教师教育联盟成立，推动川渝两地教育师资共建共享。2020年6月成立国家教师发展协同创新实验基地，基地在教师培养培训、资源共建共享、共同帮扶机制建设、人员交流互派、教育教学研究等方面加强创新实验，打造川渝教师教育品牌名片。四是推动优质基础教育资源合理配置和共建共享，统筹解决好外来务工人员子女就学问题；优质智慧课堂、数字教育资源面向两地教师学生全面开放。组建川渝研学实践教育基地（营地）联盟，一体化推进新时代大中小学劳动和实践教育。

2. 高等教育资源共建共享的模式与经验

成渝地区政府、高校和企业三类主体在聚集高等教育资源共建共享方面进行了积极的探索和实践，成立了高校联盟，签署了一系列合作协议，在高端智库创建、产教深度融合、学科专业优化、人才培养共享、科学研究合作、基础教育引领等方面开展合作与交流，初步形成了以高校为中心，政府间合作、校地合作和校际合作三种共建共享模式。

一是政府间合作，共建教育合作常态机制。围绕推进体制创新、强化公共服务两个重点，建立"省级"和"区市县级"对应的教育部门交流沟通与合作机制。由省级教育部门牵头，成立工作专班、制订专项计划，积极推动成渝地区双城经济圈教育协同发展和教育公共服务全面对接、深度融合。二是通过全面共建或部分高等教育资源共建的形式开展校地合作，共同争取更多国家"双一流"学科。36所高校参与合作共建，主要合作方式为部分高等教育资源共建，占比70.4%；积极推动两地"双一流"建设高校与省市政府之间的战略合作。三是校际合作，共推高等教育创新发展。两地高校在人才培养、学科联建、教师互派、课程互选、学分互认、科学研究等方面深度合作。校校结对共建"双一流"学科。高校协同开展招才引智，构建高等学校协同创新体系，建设环成渝高校创新生态圈，支撑西部科技创新中心建设。积极争取国家在两地增投研究生、本科生招生计划，两地高校互相增投招生来源计划。成立成渝地区双城经济圈高校联盟，建设若干开放共享的高校学生素质教育基地、实习实践实训基地，提供大学生就业创业一体化服务。支持境内外一流高校在两地设立分支机构、重点实验室、研发基地和成果转化基地。积极引进国（境）外优质教育资源，探索建设国际教育园区，推进共建"一带一路"国家留学生基地建设。协同优化高等教育布局结构。共同推动两地高校开展新时代高校党建示范创建和质量创优工作。

3. 职业教育资源共建共享融合发展模式

建设成渝地区双城经济圈职业教育改革发展试验区。围绕两地优势产业布局，积极引进一批国际优质职业教育资源，重点共建一批高水平高等职业院校和专业、产教融合型企业，共同建设一批职业教育集团和特色职业教育园区。统筹成渝两地职业院校建立跨省职教集团（产教联盟），共建优势专业、实习实训基地和技术创新中心，推进学分互认，实施更加灵活的交换生安排等方面交流合作，推动技术技能人才联合培养。深入推进产教融合发展，打造产教融合试点城市、行业、企业。

（五）粤港澳大湾区高等教育资源共建共享的集群发展模式

中共中央、国务院于 2019 年 2 月印发了《粤港澳大湾区发展规划纲要》（以下简称《规划纲要》），提出其主要目标是打造世界一流湾区、世界级城市群以及全球科技创新中心。首都城市功能定位中有科技创新中心的功能属性，粤港澳大湾区高等教育协同创新及资源共建共享的经验对首都建设科技创新中心具有借鉴意义。

目前，粤港澳大湾区已初步形成"研究型大学-应用型大学-高职院校"的高等教育集群，高等教育资源共享表现为优势互补和区域整合双重特性。一是城市之间高等教育资源的优势互补。在人员往来方面，港澳高校招收内地学生就读数量、招聘内地教学科研人员数量逐步增长；在合作办学方面，港澳与广东政府、高校的联系日益密切，出现了联合办学、借地发展等新现象，如北京师范大学和香港浸会大学在珠海建立联合国际学院、澳门大学在珠海横琴岛借地建设新校区等。二是高等教育资源的区域整合。区域内高等教育机构的人员与组织联系日益密切，合作形式全面拓展，包括学生定期交换、联合培养，师资共享、开展联合科研攻关，以及高校共建研究中心与实验室、合作成立新型办学机构，乃至成立"泛珠三角区域教师教育联盟""粤港澳高校联盟"等区域性教育合作组织。

三 对首都都市圈的借鉴与启示

（一）首都都市圈教育资源共建共享现状

党中央高度重视首都都市圈建设，目前已初步形成了三个圈层。

第一个圈层是北京向外 50 公里的环京地区，包括廊坊北三县、固安、涿州、武清等地，为通勤圈；第二个圈层是北京向外 100 公里，到天津、雄安，为功能圈；第三个圈层是北京向外 150 公里到承德、唐山、沧州、保定、张家口一带，为产业圈。2014 年以来，京津冀三地各级政府全面贯彻以疏解非首都功能为牛鼻子的京津冀协同发展战略，教育资源共建共享取得如下进展。

1. 首都内部：教育功能疏解任务基本达到预期

压缩了市属高校和普通中专京外招生计划，不断推进首都教育规模、结构与教育需求和产业需求相适应。北京市在校普通本专科生规模持续下降，研究生数持续增长，2020 年在校研究生为 38.7 万人，较 2014 年增长了 41.24%。

2. 首都内部：教育的空间布局和社会服务能力逐步优化

推进 5 所位于城六区的高校向远郊区县疏解，调整疏解高校新老校区功能定位，推动老校区向研究生培养基地、国际交流平台、研发创新智库方向发展，新校区通过建立产学联盟、支持特色小镇建设、就地科技成果转化等方式，提升承接地科技文化水平；统筹良乡、沙河大学城建设，推动北京市沙河、良乡高教园区入驻高校向学院整建制搬迁转变，加强重点实验室建设，探索校企科研结合运行方式，有针对性地服务未来科学城、中关村南部创新城建设，促进校企融合、校地合作。北京城六区中等职业教育压缩之后，腾退的校舍用于举办中小学及幼儿园，推动北京师范大学、首都师范大学等高校在疏解承接地举办或研究举办基础教育，提升区域基本公共服务能力。

3. 通勤圈与功能圈：首都"两翼"联动格局初步形成

（1）通勤圈

妥善处理行政办公区、城市副中心、通州全域以及河北省北三县等四个区域的关系。推动北京优质教育资源在北三县开展合作、建设分校，吸引京冀两地高等学校、职业院校支持北三县发展，努力实现地区协同。积极引入中心城区优质资源挂牌办学，组建北京学校、北京第一实验学校等市教委直属学校，分别由人大附中和十一学校承办。鼓励通州区职业院校发挥作用，服务城市副中心产业转型升级。

（2）功能圈

雄安新区教育协同合作稳步实施。采取多种方式推进京雄教育领域全方位协同合作，签署《关于雄安教育发展合作协议》，稳步推进"交钥匙"学校建设项目，北京四中、史家胡同小学、北海幼儿园作为办学主体新建学校，三个项目提前实现开工建设。提前谋划"交钥匙"项目办学体制机制、师资招聘管理、办学条件保障、教学评价督导等工作。北京市第八十中学、中关村三小、朝阳区实验小学和六一幼儿院对口帮扶安新县第二中学、雄县第二小学、容城县容城小学和雄县幼儿园。四所帮扶学校 2018 年正式挂牌，开展组团式帮扶和整体托管。央属高校积极参与支持雄安新区基础教育建设，人大附小、民大附中雄安校区也已挂牌成立。组建雄安新区教育规划北京专家顾问团，为雄安新区研制教育质量提升三年计划和中长期发展规划提供智力支持。加强职业院校对接，组织北京职业院校赴雄安新区开展招生宣传，推动北京金隅科技职业学校、北京市丰台区职教中心学校加大对雄安新区三县职教中心对口支持力度，吸收三县职教中心加入"京保石邯职教联盟"。发挥北京市属高校作用，北京建筑大学专门成立雄安创新研究院，提供新区规划建设、文物保护、城市设计等服务；北京服装学院商学院与雄源集团在雄安新区揭牌成立雄源商学院。

4. 产业圈：都市圈内各级各类教育事业合作不断深化

一是基础教育协同合作深入开展。京津冀三地政府及教育部门签署基础教育合作协议 13 项，采取学校联盟、结对帮扶、开办分校等方式开展跨区域合作。二是职业教育协同发展巩固提升。建成"人力资源需求信息共用共享平台""产教融合校企合作区域性协作平台""现代服务业创新创业型人才共育平台""师资与学生交流交换平台""现代服务业区域性研究平台"等5个平台，先后成立商贸、外事服务、互联网+、信息安全等相关的10个跨区域特色职教集团（联盟），在资源共享、渠道贯通、教育教学合作交流、学生互访、联合人才培养等方面开展合作。三是高等教育协同发展。京津冀高校先后组建"京津冀协同创新联盟""京津冀经济学学科协同创新联盟""京津冀建筑类高校本科人才培养联盟"等12个创新发展联盟，在师资共享、教育教学、联合培养、智库建设、产学研合作等多个方面开展深层次交流合作。

5. 治理协同：都市圈教育协同发展工作机制进一步完善

一是顶层设计和运行机制逐步完善。京津冀教育部门共同制定并发布了《"十三五"时期京津冀教育协同发展专项工作计划》、《京津冀教育对口帮扶项目》和《推进京津冀教育协同发展备忘录》。成立京津冀教育协同发展领导小组办公室，统筹推进教育领域京津冀协同发展各项工作。建立《京津冀教育协同发展议事规则》，多次召开专题会议开展工作研究，明确责任分工。强化区域间政策协商和制度联动，签署《北三县地区教育发展合作协议》。二是任务落实和政策创新进一步强化。省市教育部门定期对雄安教育发展、通武廊教育协作等问题进行专项对接。落实标准化台账制度，细化时间表、路线图，完善市区、市校两级联动机制，层层压实责任，推动各项任务落点落图落实。坚持信息发布机制，三地及时通报工作进展，印发《京津冀教育协同发展工作简报》。

（二）首都都市圈教育资源共建共享面临的主要问题

1. 首都都市圈内部发展差距依然很大

一方面，产业圈内义务教育阶段生师比差距逐年扩大。《京津冀教育发展报告（2021～2022）》显示，小学阶段生师比河北与北京的差距从 2014 年的 2.6 扩大到 2020 年的 3.1；初中阶段生师比差距从 2014 年的 4.1 扩大到 2020 年的 5.0。另一方面，产业圈内基础教育和中等职业教育的投入差距仍在扩大。2014～2020 年，北京与河北小学生均一般公共预算事业费的差距从 1.8 万元扩大到 2.4 万元，初中生均一般公共预算事业费的差距从 2.9 万元扩大到 4.6 万元，普通高中生均一般公共预算事业费的差距从 3.3 万元扩大到 5.5 万元，中职生均一般公共预算事业费的差距从 2.1 万元扩大到 4.2 万元。

2. 重要节点城市教育发展要求高但基础薄弱

一是北京城市副中心教育发展整体水平不高。区域教育资源布局总体存在"缺、小、多、少"的特征，即存在学前教育资源缺、城区学校规模小、乡镇用地资源多、城乡接合部布点少的典型特征。反映在学位需求上：学前教育是区直公办超负荷、散小黑园需整合；小学方面是区直小学满负荷、边远乡镇有余额；初中是未来三年要满额、区直梨园缺口多；高中是整体需要调层次、全面优质重改革。师资队伍呈现"年轻教师多、高端教师少"的特点。通州区一般公共预算教育经费占一般公共预算支出的比例为 9.08%，在十六区中倒数第一。二是北三县与北京城市副中心实现统一规划的基础薄弱。一方面，大量外来人口流入导致整体学位缺口矛盾较大。整体教育设施供给滞后，造成学校数量少、大班额、高班数等现象突出。另一方面，公办和民办教育资源差距明显，公办学校存在较为严重的大班额和超大班额问题，而民办学校生源明显不足，造成民办学校空置率较高。此外，教师群体老龄化严重，41～60 周岁的教师占总教师的 47%，且中小学教师队伍中研究生学历人数仅占教师总数的 3%。三是雄安新区教育原发问题突出。学校大班额现象明显，农村学校空心化、小微化，资源浪费严重。教师数量远远不足，学段层级越高越严重，小学、初中和高中师生比均低于河北省和全国平均水平，且与北京、天津相比差距较大。教师整体素质不高且老龄化趋势明显，初始学历为大专以上学历的教师比例仅为 10% 左右，普遍存在"教非所学"现象。各级各类学校生均经费全部低于全国、河北、北京、天津的平均水平，且与北京、天津相比差距较大，教育经费只能保障教职工的基本工资收入，公用经费严重短缺。

3. 不同等级城市资源共享机制有待进一步理顺

一是都市圈内各行政区域间教育协同发展的目标与标准尚不清晰，缺乏协同发展的长效利益协同机制。比如，雄安新区、北三县都提出联动发展、统一规划，牵扯河北地区现有学校教育改革提升以及与北京优质教育资源对接的整体系统性工作，也涉及关键节点城市未来基础教育体系的建构。然而都市圈内课程教材、教学管理、人才队伍建设、升学考试改革都不在统一规划中，资源共建共享仅仅停留在对未来发展的一般性描述中，尚未触及深层次改革。二是都市圈资源共建共享的财政保障机制尚未建立。圈内不同城市教育事业发展水平以及教育经费投入情况存在较大差距的基本形势没有改变，圈内各城市政治地位、经济发展水平和财政收入水平悬殊，北京教育经费投入"起点高、涨幅大"，河北各城市追赶困难。

（三）首都都市圈教育资源共建共享的经验借鉴与启示

1. 教育资源共建共享应从原生自发转向统筹协调

在都市圈没有正式制度化之前，各都市圈内的教育合作基本都有前期合作的历史基础。因地缘关系，同一城市群或经济发展带上的市区县都或多或少有过教育合作和共建共享的历史。在都市圈正式获得政府批复后，教育合作有了更坚实的政策依据，教育资源的共建共享更具有规划性和政策性。各都市圈内的教育行政部门立足地方发展实际，深度参与都市圈规划编制，在区域布局、基础设施共建共享、环境保护、民生改善、统筹协调体制机制建设创新等方面贡献力量，有力衔接都市圈的城乡规划、土地利用规划、基础设施规划、产业发展规划等专项规划，有的地方甚至直接制订教育协同发展行动计划。由此，首都都市圈内的教育资源共建共享应依托"同城化""一体化"合作共识，签署教育合作战略协议或联合发布教育发展行动计划，制定实施方案，推进教育资源共建共享落地落实。

2. 基础教育资源共建共享应坚持重点突破、特色引领、优质均衡

不同的都市圈，受地域经济基础、发展历史和体制政策的影响，在基础教育合作的切入点和侧重点上有所不同，各有千秋。上海都市圈注重德育协同，侧重打造五育融合共享平台。深圳和杭州都市圈重在有效推广集团化办学和加大学校结对帮扶力度，积极开展学校结对共建、教师交流和学生互动活动。成渝城市群聚焦人才，抓好师资、课程、专家库等优质资源共建共享，落实国家级教师教育实践基地建设任务。首都都市圈基础教育资源共建共享应在坚持重点突破、特色引领的同时，优化教育布局，完善教育结构，提升都市圈内发展较慢地区的教育水平，使其最终达到高水平对接和融入都市圈中心城市的目的。

3. 高等教育资源共建共享应实现2.0模式向3.0模式进阶

以以上海都市圈为引领的长三角地区高等教育资源共建共享的四期划分为参照，杭州都市圈和深圳都市圈目前仍然处于合作期，以高校合作办学的自建、外引及官学研合作办学等高校组织层面的教学、研究等资源共建共享为主要形式，缺乏系统性、规范性的制度化整合，属于共建共享的1.0模式。粤港澳大湾区处于协调期，已经开始形成优势互补的合作方式，且出现教师、高校等不同层面的正式性跨区域资源合作组织。成渝城市群处于协同期，开始形成跨区域教育会商机制，在高等教育各领域、各环节推进资源共享，形成高校联盟等，一定程度上呈现教育资源制度化共建共享的局面。粤港澳大湾区和成渝城市群属于资源共建共享的2.0模式。目前，首都都市圈高等

教育资源共建共享尚处于2.0模式。在短期内，首都都市圈高等教育资源共建共享应尽快进阶至3.0模式，逐步进入融合期阶段，促进政产学研用多主体、"规划—建设—保障—评估"全链条、"研究型-应用型-职业型"各类型、"教学-科研-社会服务"多环节的资源共建共享，形成制度化的资源融合共治模式，实现高质量的协同创新、科教融合和产教融合。

4. 高等教育与城市融合发展的4.0模式应是首都都市圈高等教育资源共建共享的系统战略

高等教育与城市融合发展是都市圈高等教育资源共建共享的4.0模式，已成为世界城市的重要战略。东京都市圈、纽约都市圈、伦敦都市圈和巴黎都市圈在发展过程中极其重视高等教育与城市之间的融合互动，并形成高等教育资源共建共享的4.0模式。首都都市圈应从以下六方面构建高等教育与城市融合发展的系统战略：一是形成大学与城市相生相长、协调共生的融合局面；二是以打造世界高等教育高地为目标，最大限度地发挥首都都市圈高等教育资源优势；三是不断优化都市圈大学学科结构，满足都市圈产业发展需求；四是构建官产学研联合体，推动成果转化与城市科技创新；五是培养国际化人才，以高等教育国际化带动城市国际化；六是强调终身学习理念，打造学习型城市。

Abstract

The Beijing-Tianjin-Hebei region is one of the three major driving forces for high-quality development across China. In the overall strategy of coordinated development of the BTH region, education, technology and human resources play a fundamental, strategic and supportive role. Promoting the coordinated development of education is an objective requirement for implementing the important instructions given by General Secretary Xi Jinping concerning the work to be done in the capital city and for implementing the major national strategy for coordinated development of the BTH region. The year 2022 marks the 8th anniversary of the proposed strategy for the coordinated development of the BTH region, the year of the Communist Party's 20th National Congress, and a critical year for the implementation of the 14th Five-Year Plan. As pointed out in the report of the 20th National Congress of the Communist Party of China, achieving high-quality development is an essential requirement of Chinese-style modernization. And as put forward in "The 14th Five-Year Plan for National Economic and Social Development of the People's Republic of China and the Outline of the 2035 Vision Goals", during the 14th Five-Year Plan period, a high-quality education system should be built from the following aspects: promoting the equalization of basic public education, enhancing the adaptability of vocational and technical education, improving the quality of higher education, building a team of high-quality professional teachers, and deepening the educational reform.

From the current situation of the development of education in the BTH region, the enrollment of kindergarten and primary school has decreased, while the scale of education in other stages is relatively stable with slight fluctuation. The amount of education expenditure in public finance has been increasing in BTH; the per capita public expenditure in general public budget in other stages of education has increased, among which the growth in ordinary colleges and universities in Beijing and secondary vocational education in Tianjin is the most prominent, and the per capita public expenditure in general public budget for ordinary colleges and universities in Tianjin has shown a significant negative growth. There are still some gaps in the level of education funding, the number of faculty and the conditions for running schools within the BTH region, and the overall high-quality and coordinated development of education still face great challenges. High-quality education is a stage of educational development that reflects and conforms to the new development concepts of "innovation", "coordination", "green", "open" and sharing". Under the requirements of the new era and new situation, it is of great significance to carry out in-depth research on the high-quality development of education in BTH, to provide theoretical support and practical promotion ideas for the coordinated development of education in BTH, to promote the modernization of education in the capital city and the BTH region, and to provide strong support for the strategy of strengthening education.

To this end, the Beijing Institute of Education Sciences organized the publishing of "Report on the Education Development in Beijing-Tianjin-Hebei Region (2022－2023)" —a total of 11 sub-reports under the theme of "high-quality development of regional education" and divided into 4 parts: "General Reports", "Special Reports", "Regional Development", "Reference Significance". From an overall perspective and combining the policy objectives and tasks defined in the BTH regional education plan with the actual educational reform and development, the "General Report" section proposes to initially establish an index system for evaluating high-quality development of education in the BTH region, including five first-level indicators (innovative education, coordinated education, green education, open education, shared education), 12 secondary indicators and 34 tertiary indicators; meanwhile, through data comparison, it analyzed the basic situation of educational development in BTH in 2021. The " Sub-reports" section predicts the demand for compulsory education degrees in BTH from 2021 to 2029, analyzes the current situation of the transformation of scientific research achievements in BTH and puts forward countermeasures and recommendations, and summarizes the practice of coordinated development of vocational education in BTH from 2015 to 2022. The "Regional Development" section is closely related to the theme and provides in-depth analysis and discussion with a view on the status quo and path of internationalization development of universities in Beijing under the background of high-quality development, the conditional basis and strategic design of promoting high-quality educational development in Tianjin, and the construction of high-quality education system in Hebei under the background of coordinated development of BTH. From the perspective of comparative analysis, the "Reference Significance" section studies the experiences of co-construction and sharing of educational resources in metropolitan areas at home and abroad, the implementation path of regional educational modernization monitoring and evaluation, and the tutorial system of modern institutional universities, providing important references for the coordinated development of education in the BTH region.

Keywords: High-quality Development; Modernization of Education; Beijing-Tianjin-Hebei Region (BTH)

Contents

I General Reports

Abstract: As pointed out in the report of the 20th National Congress of the Communist Party of China, achieving high-quality development is an essential requirement of Chinese-style modernization, and high-quality education is a stage of educational development that reflects and conforms to the new development concepts of "innovation", "coordination", "green", "open" and sharing". Different regional functions positioning and different economic and social development levels determine the driving mode of regional educational development, This report combining the policy objectives and tasks defined in the BTH regional education plan with the actual educational reform and development, it is proposed to initially establish an index system for evaluating high-quality development of education in the BTH region, including six first-level indicators (innovative education, coordinated education, green education, open education, shared education, and safe education), 12 secondary indicators and 34 tertiary indicators. Based on the evaluation system, it is necessary to form a linkage mechanism for high-quality educational development monitoring, including the full use of modern information technology, the strengthening of professional training targeted for original data collection teams and the database construction teams, the establishment of an evaluation information service system supported by big data, and the improved efficiency of utilizing evaluation results. From the index system to the system construction is the inevitable choice to improve high-quality regional development.

Keywords: Regional Education; High-Quality Development; Dynamic Evaluation; BTH

B.2　Research on the Basic Situation of Educational

　　　Development in BTH　　　　　　　　　*Lü Guizhen* / 019

Abstract: 2021, Beijing, Tianjin and Hebei experienced rapid economic development, and the year-on-year growth in regional GDP, financial revenue and expenditure, per capita disposable income, per capita consumption expenditure, etc., means the guarantee in financial support for the development of education. In terms of the scale of education undertakings in BTH, the enrollment of kindergarten and primary school has decreased, while the scale of education in other stages is relatively stable with slight fluctuation. The amount of education expenditure in public finance has been increasing in BTH; the per capita public expenditure in general public budget in other stages of education has increased, among which the growth in ordinary colleges and universities in Beijing and secondary vocational education in Tianjin is the most prominent, and the per capita public expenditure in general public budget for ordinary colleges and universities in Tianjin has shown a significant negative growth. There are still some gaps in the level of education funding, the number of faculty and the conditions for running schools within the BTH region, and the overall high-quality and coordinated development of education still face great challenges.

Keywords: Regional Education; Educational Development; BTH

Ⅱ Special Reports

B.3 Forecast of Degree Demand in Compulsory Education
in Beijing-Tianjin-Hebei (2021−2029) (3rd Edition)

Zhao Jiayin / 040

Abstract: This paper is an update and validation of the 2nd edition of the "Forecast of Degree Demand in Compulsory Education in Beijing-Tianjin-Hebei (2020−2028) ". Compared with the 2nd edition, with expanded and updated data source and using the two-stage prediction model of hypothesis compulsory education, at the same time taking into account the impact of birth policy on degree demand, this edition gives the new forecast on the degree demand in each stage in each city and province in the BTH region in the period of 2021−2029. The forecast shows an inverted U-shape in terms of the overall trend of compulsory education stage in BTH from 2021 to 2029, which is consistent with the forecast trend of the 2nd edition, including the prediction of the peak year (2023). Regarding the degree prediction, compared with the 2nd edition, the overall forecast of degree demand in BTH compulsory education stage is showing a slight increase from 2021 to 2025 due to significant increase of primary school enrollment in Tianjin and Hebei in 2021; due to significant decline in fertility rates in the BTH region in 2021, the forecast of degree demand in

2026 and beyond is showing a slight drop from the 2nd edition. Moreover, this paper includes a one-year error analysis of the 2nd edition forecast, and the analysis results show that the error rate of its forecast for overall degree demand in compulsory education in BTH in 2021 was only 0. 5%.

Keywords: Compulsory Education; Degree Demand; BTH

B. 4 Analysis of Current Situation and Countermeasures for Commercialization of Scientific Research Achievements

in BTH *Wang Ming, Wang Mingyang* / 055

Abstract: The commercialization of scientific research achievements is the key to promoting high-quality economic development and Chinese-style modernization. Through the analysis of relevant data, it is found that the scale of such commercialization in universities and research institutes in Beijing is top 1 in China, however, with "spillover" effect is obvious with lower proportion of project landing; Tianjin has larger number of contracts and higher scale of commercialization than Hebei, but it's losing some of the projects; Hebei is more capable than Tianjin and Beijing in "undertaking" RMB100mn projects from other provinces and cities. Meanwhile, Zhejiang, Guangdong and Shanghai are paying more attention to the commercialization of scientific research achievements in colleges and universities, and they have established excellent patterns ready to be used for reference. In view of the issues in discussion, countermeasures and recommendations such as dislocation competition, multi-level collaboration, refined management, evaluation orientation and collaborative governance are put forward.

Keywords: Commercialization of Scientific Research Achievement; University; Scientific Research Institution; BTH

Abstract：In order to comprehensively understand the practice of coordinated development of vocational education in BTH from 2015 to 2022, By collecting, summarizing and analyzing 32 editions of briefings on the coordinated development of vocational education in BTH, 184 annual reports on joint promotion of coordinated development by vocational colleges in Beijing, nearly 600 annual reports on the quality of education in vocational colleges in BTH, as well as relevant information obtained through other channels, it is found that since the promulgation of the "Outline of the Plan for Coordinated Development of Beijing-Tianjin-Hebei" in 2015, remarkable progress has been made in the coordinated development of vocational education in the BTH region, including 357 vocational colleges distributed in the whole BTH region. The total number of activities participated by these vocational colleges has reached 1341 times over the past 8 years；101 out of the 357 vocational colleges participated in the coordinated development activities for 6 years or more；there are significant differences in terms of the number of participating schools and the frequency of participating such activities between Beijing and Tianjin and Hebei, between higher and secondary vocational schools, and between years. It is suggested to continuously monitor the practice of the coordinated development of vocational education in BTH, strengthen the tracking research, situation analysis and countermeasures design to serve the coordinated development of vocational education in BTH with higher accuracy, so as to improve its contribution to the BTH region's capacity in talent, economic and social development.

Keywords: Vocational Education; Coordinated Development; BTH

Ⅲ   Regional Reports

B.6   The Current Situation, Paths and Suggestions of the
Internationalization Development of Beijing Universities
Under the Context of High-quality Development
Zhang Youliang, Huang Jing, Cao Zhiqi and Ma Tongfei / 094

Abstract: "Four Centers" are the functional orientation and strategic goal of Beijing, and building a high-quality education system is an important support for Beijing's construction of "Four Centers". Based on the public data of Beijing universities and the data of typical cases, we find that the world ranking of Beijing universities has generally improved, but international research cooperation needs to be strengthened. The scale of international students in Beijing remains stable, but the source of students is mainly Asian and African students. The level of Chinese-foreign cooperation in running schools has been improved, but the Chinese side is mainly some universities affiliated with the ministry. Universities in Beijing have gathered talents in many ways, but the proportion of foreign teachers is low. In the new era, universities in Beijing must promote the effective combination of external circulation and internal circulation, top-level design and grassroots innovation, formal borrowing and institutional internalization, one-way learning and multi-dimensional interaction to build a high-quality education system through the path of internationalization.

Keywords: "Four Centers"; High-Quality Development; University; Internationalization; Beijing

B . 7   Conditional Basis and Strategic Design for Promoting

High-quality Development of Education in Tianjin

Zhang Wei / 114

Abstract: To promote the high-quality development of education is not only a proactive choice of Tianjin to adapt to the major national strategy and the new normal of economic and social development, but also an inevitable requirement for the government to adapt to the changes in the main social contradictions and run the education sector as expected by the people. On the premise of explicit expression of the concept and connotation of high-quality educational development, through summarizing and analyzing the advantages, characteristics and weaknesses of high-quality educational development in Tianjin, comparing the internal requirements of high-quality educational development with the strategic goals defined by the State and other provinces and cities, adhering to problem shooting, goals orientation and demand identification, and focusing on the key areas and key links in top-level planning and design, the demand for economic and social development and the actual development of education in Tianjin, the needs of the people for a higher quality of life, this report, in a flexible way of using various approaches and methods, points out the strategic objectives and key indicators for high-quality educational development in Tianjin in the future period, and puts forward key tasks and ideas in eight aspects, including strengthening the Party's overall leadership in education work, improving the system of "five-aspect education", so as to build a high-quality education system and conduct teaching operations in a manner satisfactory to the people, and provide sufficient talent and intellectual support for high-quality development of various sectors in Tianjin.

Keywords: Education; High Quality Development; Tianjin

B.8 A Study on the Construction of High-quality Education
System in Hebei Province under the Background of
BTH Coordinated Development

Yan Chunjiang, Cui Yanling and Zhu Shaoyi / 133

Abstract: In recent years, with the important opportunity for coordinated development in BTH and the orientation for goals setting and problem shooting, based on the actual development of education in Hebei and the advantage of high-quality education resources in Beijing and Tianjin, Hebei Province has been expanding its partnership in the field of education for higher level cooperation and efficient collaboration, as a result, the education in Hebei has stepped into the fast track of healthy, coordinated and high-quality development. Facing the new journey, to meet new demands and address new challenges, Hebei education needs to focus on the new direction, new goals and new opportunities for educational development in the new era, utilize its advantages and further facilitate the networking with Beijing and Tianjin, seek out the common ground and path for connotation-wise development, and explore more growth point for the construction of high-quality education system, so as to accelerate the modernization of education, the construction of a strong education province, and provide education that the people are satisfied with.

Keywords: Collaborative Development; Education System; Resource Sharing; Hebei

Ⅳ   Reference Reports

B. 9   Breakthroughs and Exploration of the Implementation

Path of Monitoring and Evaluation of Regional

Educational Modernization

—*Taking the Yangtze River Delta as an Example*

Pan Qi, Gong Yanfei and Zhang Jue / 151

Abstract: Carrying out the monitoring and evaluation of education modernization in the Yangtze River Delta is the key work of the education system to implement the "Outline of the Yangtze River Delta Regional Integration Development Plan" of the Central Committee of the Communist Party of China and the State Council, and it is the first attempt to promote the monitoring and evaluation of regional education modernization in China. The monitoring and evaluation of education modernization in the Yangtze River Delta has established a multi-party collaborative monitoring and evaluation organization mechanism, gathered multi-party professional forces to become a large platform for think tanks, developed a "one-body, two-wing, multi-dimensional" evaluation tool, realized digital-driven technology empowerment, and established a monitoring and evaluation results application mechanism with service decision-making consulting as the core. In the future, this work will continue to be guided by the people-centered idea and the spirit of the "Overall Plan for Deepening the Reform of Educational Evaluation in the New Era", carry out organized scientific research, give full play to the leading role of education in the Yangtze River Delta, serve the overall development of national education modernization, and enrich and improve the theory and practice of education governance modernization in a major country.

Keywords: Regional Education; Educational Modernization; The Yangtze River Delta

B.10 Educational Path, Mechanism Guarantee and Implementation Effects of Tutorial System in Modern Institutional Universities

—*Based on the Investigation in Shanghai and Jiangsu*

Wan Yuan, *Yang Zhongxiao* / 166

Abstract: The tutorial system of colleges and universities in Shanghai and Jiangsu generally includes the construction of a "educating community" with the participation of multiple stakeholders working in the same direction for the common goal, which has enriched and upgraded the element of "human, time and space, and content" in traditional undergraduate tutorial system and ideological and political education. By creating a full-staff education team with diverse identities, establishing a whole-process education chain, and committing to all-round high-quality education, the tutorial system of modern institutional universities has innovated the implementation path of "three-whole education" —a system consolidated by the combination of "system +passion". The results of case study on a certain university's implementation of the tutorial system show that both teachers and students are satisfied with the system and the resulting growth, albeit there is still much room for improvement.

Keywords: Modern Institutional University; Tutorial System; "Three-whole Education"

Contents ◢↘

B.11 The Experience and Enlightenment of the Co-Construction and Sharing of Educational Resources in the Capital Metropolitan Area at Home and Abroad

Li Lu, Du Guangqiang and Yin Yuling / 201

Abstract: In the process of the metropolitan development in developed regions at home and abroad, the co-construction and sharing of educational resources plays an important role in promoting the optimal allocation of resources, improving the quality and level of education, realizing educational equity, and promoting the high-quality development of metropolitan areas. Based on the summary of the relevant experience of foreign metropolitan areas such as Paris, London, Tokyo and New York and domestic metropolitan areas such as Shanghai, Hangzhou, Shenzhen and Chengdu-Chongqing, combined with the analysis of the current situation of the co-construction and sharing of educational resources in the metropolitan area of Beijing, it is proposed that the co-construction and sharing of educational resources in the metropolitan area should shift from the spontaneous mode to overall coordination for making key breakthroughs, establishing key characteristics, and realizing quality and balance. To this end, the co-construction and sharing of higher education resources should be upgraded from 2.0 version to 3.0 version; furthermore, the 4.0 version of integrated development of higher education and urban construction should be used as the systematic strategy for the co-construction and sharing of higher education resources in the metropolitan area of Beijing.

Keywords: Metropolitan Area; Educational Resources; Co-construction and Sharing; BTH

社会科学文献出版社

皮 书

智库成果出版与传播平台

❖ 皮书定义 ❖

皮书是对中国与世界发展状况和热点问题进行年度监测，以专业的角度、专家的视野和实证研究方法，针对某一领域或区域现状与发展态势展开分析和预测，具备前沿性、原创性、实证性、连续性、时效性等特点的公开出版物，由一系列权威研究报告组成。

❖ 皮书作者 ❖

皮书系列报告作者以国内外一流研究机构、知名高校等重点智库的研究人员为主，多为相关领域一流专家学者，他们的观点代表了当下学界对中国与世界的现实和未来最高水平的解读与分析。截至 2022 年底，皮书研创机构逾千家，报告作者累计超过 10 万人。

❖ 皮书荣誉 ❖

皮书作为中国社会科学院基础理论研究与应用对策研究融合发展的代表性成果，不仅是哲学社会科学工作者服务中国特色社会主义现代化建设的重要成果，更是助力中国特色新型智库建设、构建中国特色哲学社会科学"三大体系"的重要平台。皮书系列先后被列入"十二五""十三五""十四五"时期国家重点出版物出版专项规划项目；2013~2023 年，重点皮书列入中国社会科学院国家哲学社会科学创新工程项目。

皮书网

（网址：www.pishu.cn）

发布皮书研创资讯，传播皮书精彩内容
引领皮书出版潮流，打造皮书服务平台

栏目设置

◆ **关于皮书**
何谓皮书、皮书分类、皮书大事记、
皮书荣誉、皮书出版第一人、皮书编辑部

◆ **最新资讯**
通知公告、新闻动态、媒体聚焦、
网站专题、视频直播、下载专区

◆ **皮书研创**
皮书规范、皮书选题、皮书出版、
皮书研究、研创团队

◆ **皮书评奖评价**
指标体系、皮书评价、皮书评奖

◆ **皮书研究院理事会**
理事会章程、理事单位、个人理事、高级
研究员、理事会秘书处、入会指南

所获荣誉

◆ 2008 年、2011 年、2014 年，皮书网均
在全国新闻出版业网站荣誉评选中获得
"最具商业价值网站"称号；
◆ 2012 年，获得"出版业网站百强"称号。

网库合一

2014年，皮书网与皮书数据库端口合
一，实现资源共享，搭建智库成果融合创
新平台。

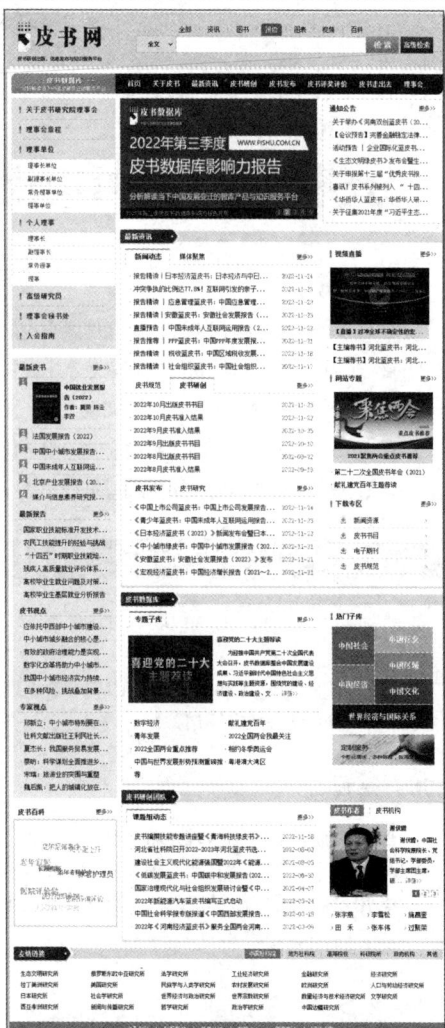

皮书网　　"皮书说"　　皮书微博
　　　　微信公众号

权威报告·连续出版·独家资源

皮书数据库
ANNUAL REPORT(YEARBOOK)
DATABASE

分析解读当下中国发展变迁的高端智库平台

所获荣誉

- 2020年，入选全国新闻出版深度融合发展创新案例
- 2019年，入选国家新闻出版署数字出版精品遴选推荐计划
- 2016年，入选"十三五"国家重点电子出版物出版规划骨干工程
- 2013年，荣获"中国出版政府奖·网络出版物奖"提名奖
- 连续多年荣获中国数字出版博览会"数字出版·优秀品牌"奖

皮书数据库

"社科数托邦"
微信公众号

成为用户

登录网址www.pishu.com.cn访问皮书数据库网站或下载皮书数据库APP，通过手机号码验证或邮箱验证即可成为皮书数据库用户。

用户福利

- 已注册用户购书后可免费获赠100元皮书数据库充值卡。刮开充值卡涂层获取充值密码，登录并进入"会员中心"—"在线充值"—"充值卡充值"，充值成功即可购买和查看数据库内容。
- 用户福利最终解释权归社会科学文献出版社所有。

社会科学文献出版社 皮书系列
SOCIAL SCIENCES ACADEMIC PRESS (CHINA)

卡号：382164914674
密码：

数据库服务热线：400-008-6695
数据库服务QQ：2475522410
数据库服务邮箱：database@ssap.cn
图书销售热线：010-59367070/7028
图书服务QQ：1265056568
图书服务邮箱：duzhe@ssap.cn

S 基本子库
SUB DATABASE

中国社会发展数据库（下设12个专题子库）

紧扣人口、政治、外交、法律、教育、医疗卫生、资源环境等12个社会发展领域的前沿和热点，全面整合专业著作、智库报告、学术资讯、调研数据等类型资源，帮助用户追踪中国社会发展动态、研究社会发展战略与政策、了解社会热点问题、分析社会发展趋势。

中国经济发展数据库（下设12专题子库）

内容涵盖宏观经济、产业经济、工业经济、农业经济、财政金融、房地产经济、城市经济、商业贸易等12个重点经济领域，为把握经济运行态势、洞察经济发展规律、研判经济发展趋势、进行经济调控决策提供参考和依据。

中国行业发展数据库（下设17个专题子库）

以中国国民经济行业分类为依据，覆盖金融业、旅游业、交通运输业、能源矿产业、制造业等100多个行业，跟踪分析国民经济相关行业市场运行状况和政策导向，汇集行业发展前沿资讯，为投资、从业及各种经济决策提供理论支撑和实践指导。

中国区域发展数据库（下设4个专题子库）

对中国特定区域内的经济、社会、文化等领域现状与发展情况进行深度分析和预测，涉及省级行政区、城市群、城市、农村等不同维度，研究层级至县及县以下行政区，为学者研究地方经济社会宏观态势、经验模式、发展案例提供支撑，为地方政府决策提供参考。

中国文化传媒数据库（下设18个专题子库）

内容覆盖文化产业、新闻传播、电影娱乐、文学艺术、群众文化、图书情报等18个重点研究领域，聚焦文化传媒领域发展前沿、热点话题、行业实践，服务用户的教学科研、文化投资、企业规划等需要。

世界经济与国际关系数据库（下设6个专题子库）

整合世界经济、国际政治、世界文化与科技、全球性问题、国际组织与国际法、区域研究6大领域研究成果，对世界经济形势、国际形势进行连续性深度分析，对年度热点问题进行专题解读，为研判全球发展趋势提供事实和数据支持。

法律声明

"皮书系列"（含蓝皮书、绿皮书、黄皮书）之品牌由社会科学文献出版社最早使用并持续至今，现已被中国图书行业所熟知。"皮书系列"的相关商标已在国家商标管理部门商标局注册，包括但不限于LOGO（ ▨ ）、皮书、Pishu、经济蓝皮书、社会蓝皮书等。"皮书系列"图书的注册商标专用权及封面设计、版式设计的著作权均为社会科学文献出版社所有。未经社会科学文献出版社书面授权许可，任何使用与"皮书系列"图书注册商标、封面设计、版式设计相同或者近似的文字、图形或其组合的行为均系侵权行为。

经作者授权，本书的专有出版权及信息网络传播权等为社会科学文献出版社享有。未经社会科学文献出版社书面授权许可，任何就本书内容的复制、发行或以数字形式进行网络传播的行为均系侵权行为。

社会科学文献出版社将通过法律途径追究上述侵权行为的法律责任，维护自身合法权益。

欢迎社会各界人士对侵犯社会科学文献出版社上述权利的侵权行为进行举报。电话：010-59367121，电子邮箱：fawubu@ssap.cn。

社会科学文献出版社